CONTATTI 1

a first course in

ITALIAN

ACTIVITY BOOK

MARIOLINA FREETH • GIULIANA CHECKETTS

D1262526

Hodder & Stoughton

A MEMBER OF THE HODDER HEADLINE GROUP

Orders: please contact Bookpoint Ltd, 130 Milton Park, Abingdon, Oxon OX14 4SB. Telephone: (44) 01235 827720. Fax: (44) 01235 400454. Lines are open from 9.00–6.00, Monday to Saturday, with a 24 hour message answering service. You can also order throught our website: www.hodderheadline.co.uk

British Library Cataloguing in Publication Data
A catalogue record for this title is available from the British Library

ISBN 0 340 87256 X

First Published 2003
Impression number   10 9 8 7 6 5 4 3 2 1
Year   2009 2008 2007 2006 2005 2004 2003

Cover illustration: Barry Ablett. Illustrations by Gillian Martin.
Typeset by Fakenham Photosetting
Printed in Great Britain for Hodder & Stoughton Educational, a division of Hodder Headline Plc, 338 Euston Road, London NW1 3BH by J.W. Arrowsmiths Ltd., Bristol.

Contents

Unità 1	In viaggio	1
Unità 2	Lavorare per vivere	9
Unità 3	In famiglia	17
Unità 4	Tutti a casa	26
Unità 5	In città	36
Unità 6	Per sopravvivere	44
Unità 7	Ripasso 1	54
Unità 8	Sotto l'albero	61
Unità 9	Dopo le feste	70
Unità 10	Che facciamo di bello?	79
Unità 11	Sani e belli	87
Unità 12	Muoversi	96
Unità 13	In vacanza	105
Unità 14	Ripasso 2	115
Key to exercises		123

Acknowledgements

The authors and publishers would like to acknowledge the following for use of their material:

Corriere della Sera for **Parchi nazionali** p94; *Espresso* for paragraph on Pilates p87 and **Robot italiani** p114; *espressoonline.it* for **Spese online** p69; *Repubblica* for article **Lavorare in città** p43; *repubblica.it/online* for **La domenica a piedi**, **Il ponte sullo stretto** p104 and extract from **Euro non diventerà Euri** p114; *Repubblica Venerdì Cinema* for **Miracolo DVD** p86; *Viaggi Repubblica* for quiz p107.

in viaggio

A	Cosa prendiamo?
B	In aereo
C	In volo
D	Di dov'è?

A Cosa prendiamo?

ATTIVITÀ

1 **Riordina** *(order)* **il dialogo.**

Cameriere	Signorina
- Dica?	- Scusi, quant'è?
- Buongiorno.	- Ecco un euro.
- Prego.	- Una birra, per favore.
- Un euro.	- Grazie.
- Ecco una birra.	- Buongiorno.

2 **Forma sei frasi utili per il bar. Usa** *con/senza* **solo se necessario.**

vorrei		birra
		panino
per me	un	succo di frutta
	uno	aperitivo
scusi	una	aranciata
	un'	tè
per favore		caffè
		frullato
		cioccolata

	limone
	zucchero
con	latte
senza	acqua
	sale
	ghiaccio

3 **Completa le frasi con le parole adatte.**

ghiaccio	vino rosso	acqua minerale
tè	limone	zucchero

1	Un cucchiaino		....
2	Una bottiglia		....
3	Un bicchiere	**di**	....
4	Un cubetto		....
5	Una fetta		....
6	Una tazza		....

GRAMMATICA

1 **Maschile e femminile.**

Singolare	
(m)	**-o**
(f)	**-a**
(m/f)	**-e**

Nomi e aggettivi in **-e** possono essere maschili o femminili.

Scrivi *m* **(maschile) o** *f* **(femminile) vicino a ogni parola.**

acqua ☐	cappuccino ☐	aranciata ☐
aperitivo ☐	risotto ☐	pasta ☐
vino ☐	birra ☐	mozzarella ☐
parmigiano ☐	cioccolato ☐	gelato ☐

2 **Trova cinque nomi di donna e cinque nomi di uomo.**

Fabrizio De Angelis   Daniela Zarini
Stefano Tondelli   Simona Sciarpa
Rita Bartoli   Alessandro Moro
Raffaella Usenghi   Armando Tasso
Daniele Perrone   Maria Pia Sarti
Michele Banchi   Roberto Carpine
Cesare Rossi   Laura Marchetti
Roberta Taddeo

3 **Articolo indeterminativo.**

(m)	un	uno
(f)	una	un'

es. **un** ragazzo, **un** amico, **uno** studente/zio
una donna, **un'**amica

**Scrivi la parola giusta sotto il disegno.
Davanti a ogni parola, metti l'articolo
un/uno/una/un'.**

elefante (m)   ombrello   ospedale (m)
televisione(f)   telefono   famiglia
montagna   treno   pera

B In aereo

ATTIVITÀ

1 **Cosa prendono? Scrivi le domande
dell'assistente di volo.**

1 ....? Un aperitivo, per cortesia.
2 ....? No, grazie, senza ghiaccio.
3 ....? Per me, un succo di pomodoro.
4 ....? Sì, e anche un po' di limone.
5 ....? Tre euro in tutto.

2 **Che cos'è? Indovina** *(guess)*.

gelato	vino	latte
acqua	zucchero	caffè

1 È forte e nero.
2 È naturale.
3 È bianco o rosso.
4 È molto dolce.
5 È molto freddo.
6 È bianco.

3 **Raddoppia** *(double)* **le dosi
dell'aperitivo per te e un amico.**

Bellini
Ingredienti:
mezzo bicchiere di succo di pesca *(peach)*
mezzo bicchiere di champagne
un cubetto di ghiaccio
uno spruzzo di soda
una fetta di limone per decorazione

Argentina
Ingredienti:
una bottiglietta di succo di pera
un cucchiaio di latte
una o due gocce di sciroppo di menta

GRAMMATICA

1 Gli aggettivi.

> **Accordo degli aggettivi**
> una rosa ross**a**
> un vin**o** ross**o**
> la nav**e** *(ship)* bianc**a**, grand**e**
> il caff**è** ner**o**, bollent**e**

a Questi colori sono sbagliati *(wrong)*. Correggi.

1 la neve nera
2 il caffè azzurro
3 il mare giallo
4 l'erba grigia
5 la foglia bianca
6 il cielo verde

b Scrivi il colore sotto ogni fiore.

papavero   margherita   giglio   girasole

1 ......   2 ......   3 ......   4 ......

2 Nomi in *-e*. Scegli *(choose)* l'aggettivo.

affettuosa	nero	bravo
bianca	nuova	europea

1 L'Italia è una nazione ....
2 La neve è ....
3 Il mio cane è ....
4 Ho una televisione ....
5 È un dottore ....
6 È una madre ....

3 Scrivi l'articolo e metti al plurale.

	Singolare	*Plurale*
(m)	**-o**	**-i**
(f)	**-a**	**-e**
(m/f)	**-e**	**-i**

es. un panino buono → due panini buoni

1 ...... cornetto caldo   quattro ....
2 ...... limone siciliano   sette ....
3 ...... bottiglia piccola   tre ....
4 ...... bicchiere grande   sei ....
5 ...... birra fredda   cinque ....

C In volo

ATTIVITÀ

1 Scrivi la parola giusta.

comandante (×2)	bordo	volo (×2)
aereo	passeggeri (×2)	

In questo momento l' .... è in
.... sopra le Alpi. A .... ci sono i
..........., il .... e gli assistenti di
.... Il .... parla e dice
buongiorno ai ....

2 Studia il vocabolario della classe e completa le frasi come negli esempi.

| a destra | sopra | c'è |
| a sinistra | sotto | ci sono |

*es. Sopra il tavolo **c'è** un orologio.*
*Sotto la finestra **ci sono** due sedie.*

1 A sinistra dell'orologio ....
2 A destra dell'orologio ....
3 Vicino alla televisione ....
4 Davanti alla televisione ....
5 A sinistra degli studenti ....
6 A destra degli studenti ....
Continua.

3 **Quanto fa? Fai le operazioni come nell'esempio.**

es. $2 + 2 = 4$ Due **più** due fa quattro.
    $2 \times 3 = 6$ Due **per** tre fa sei.
    $5 - 1 = 4$ Cinque **meno** uno fa quattro.

a) $3 \times 3 =$ d) $5 - 2 =$ g) $1 + 1 =$
b) $4 + 2 =$ e) $6 - 2 =$ h) $5 \times 2 =$
c) $7 - 1 =$ f) $8 + 1 =$ i) $9 - 5 =$

4 L'alfabeto.

a Aggiungi le lettere che mancano *(add the missing letters)*.

| A | B | | D | | F | G | | I | L | | N | | | Q | R | | | U | | |

b Scrivi le lettere straniere.

| ics | | doppia vu | | i lunga | | cappa | | ipsilon | |

5 A quali servizi corrispondono questi numeri di telefono?

es. due zero sei cinque otto zero =
Comune, Ufficio Informazioni

a) tre quattro due otto due otto ....
b) tre sette quattro due quattro due ....
c) due due cinque uno otto tre ....
d) tre due nove uno uno uno ....

COMUNE DI MODENA	
Numeri utili	
Radio taxi	374242
Polizia	342828
Università	329111
Comune, Ufficio Informazioni	206580
Teatro Comunale	225183

GRAMMATICA

1 **Metti al plurale.**

	Singolare	Plurale
(m)	-o	-i
(f)	-a	-e
(m/f)	-e	-i

1 volo ………
2 montagna ………
3 aereo ………
4 paese ………

5 comandante ………
6 vacanza ………
7 momento ………
8 lago ………

2 **Scrivi quali paesi conosci** *(you know)* **in Europa e quali no.**

*es. Conosco **l'**Italia ma non conosco **la** Spagna.*

Articolo determinativo singolare			
il	lo	l'	la
*es. **il** Belgio, **lo** Zaire **l'**Inghilterra, **la** Francia*			

3 **Un quiz sull'Italia.**

a **Dove sono questi monumenti? Completa le frasi.**

a + città	*es. a Milano*

1 La torre pendente è ………
2 Il Colosseo si trova ………
3 Il Ponte di Rialto ………
4 Il Davide di Michelangelo ………
5 San Pietro ………
6 Il Ponte Vecchio ………

b **In quale regione sono queste città? Completa le frasi. Se c'è un errore, correggi.**

> *es. Napoli è in Campania. →*
> *Si, è in Campania.*
> *Milano è in Toscana. →*
> *No, è in Lombardia.*

in + regione, paese *(country)*

1 Genova è …… Lombardia. …………
2 Perugia è …… Umbria. …………
3 Venezia è …… Puglia. …………
4 Roma è …… in Campania. …………
5 Torino …… Piemonte. …………
6 Palermo …… in Sicilia. …………
7 Pisa …… Liguria. …………

Ora fai frasi *(make sentences)* **usando (a) e (b).**
> *es. La torre pendente è **a** Pisa, **in** Toscana.*

Di dov'è?

ATTIVITÀ

1

a Dividi le lingue in due gruppi secondo la terminazione. Vicino alla lingua scrivi il paese dove si parla.

> es. *spagnolo: in Spagna*
> *cinese: in Cina*

> CINESE   DANESE   FINLANDESE
> FRANCESE   GIAPPONESE   GRECO
> INGLESE   ITALIANO   NORVEGESE
> OLANDESE   POLACCO
> PORTOGHESE   SPAGNOLO
> SVEDESE   TEDESCO   TURCO

b Quale di queste lingue parli?
   Quali vorresti *(would you like)* parlare?

> es. *Parlo cinese, vorrei parlare tedesco e francese.*

2 Di che nazionalità sono queste macchine?

NB. I nomi di macchine sono femminili.

LA FIAT	*italiana*	LA BMW	
LA PEUGEOT		LA JAGUAR	
LA HONDA		LA FERRARI	
LA VOLVO		LA FORD	

3 Michelle e Frank si incontrano in treno. Leggi le informazioni sotto e scrivi il dialogo.

Frank: Scusi, Lei è italiana?
Michelle: No, sono francese.
Frank: Di Parigi?
Michelle: No, ...

Michelle M
È francese, è di Nizza. Di cognome si chiama Leoni. Abita a Parigi. Parla bene l'italiano perché sua madre è di Bologna. Va a Milano per due giorni, per lavoro.

Frank F
È tedesco, è di Bonn. Di cognome si chiama Hertz.
Abita e lavora a Genova. Parla molto bene l'italiano. Non va a Milano: va a Como per una settimana di vacanza sul lago.

> Come ti chiami?
> Come si chiama?
> Mi chiamo . . . .

GRAMMATICA

1 Completa con la nazionalità.
es. Il curry è indiano.

1 la paella ....
2 il sushi ....
3 la pizza ....
4 il croissant ....
5 la mussaka ....
6 la vodka ....

2 Completa con i verbi al presente.

Presente			
	essere*	andare*	abitare
(io)	sono	vado	abito
(tu)	sei	vai	abiti
(lei/lui)	è	va	abita
verbi irregolari			

Aldo: Come ti chiami?
Patrizia: Mi chiamo Patrizia.
A: Dove ....?
P: .... a Bologna, per lavoro.
A: Di dove ....?
P: Io .... di Siena ma .... a Firenze.
A: Io .... di Milano e .... a Milano.
P: E la tua famiglia .... milanese?
A: Mia madre .... di Brescia, e mio padre .... napoletano.
P: Ah, mio padre .... di Amalfi, vicino Napoli!
A: Amalfi, che posto magnifico! Allora tu .... spesso a Amalfi.
P: Generalmente .... a Amalfi d'estate, in vacanza.

3 La forma negativa.

> **Non** + verbo
>
> *es. Sei italiano?*
> *No, **non** sono italiano.*

Rispondi in modo negativo.
es. Bevi (= do you drink) birra?
*No, **non** bevo birra.*

1 Ti chiami Marta?
2 Parli olandese?
3 Abiti a Palermo?
4 Sei di Pisa?
5 Prendi l'aperitivo prima di pranzo?
6 Vai in Sardegna in vacanza?

4 *Tu e Lei.*

> **Lei** formale
> **Tu** confidenziale

Sandro e Anna hanno 10 anni e si parlano con il *tu*.
Unisci domande e risposte.

1 Come ti chiami?   (a) Jones.
2 E di cognome?   (b) Due, italiano e inglese.
3 Di dove sei?   (c) Dieci.
4 Di dove esattamente?   (d) a Londra.
5 Quanti anni (years) hai? (e) di Dublino.
6 Quante lingue parli?   (f) Angela.
7 Dove abiti?   (g) 0208 314 67 89
8 Qual è il tuo numero di telefono? (h) Sono irlandese.

Ora scrivi quattro di queste domande con il *Lei*.

1 È VERO PER TE?

Se non è vero, correggi con frasi complete.

es. Ti chiami Francesco.
   No, non mi chiamo Francesco. Mi chiamo …

- Sei una donna.
- Sei canadese.
- Parli inglese, spagnolo e russo.
- Sei di Barcellona.
- Vai al bar ogni giorno.
- Prendi il caffè senza zucchero.
- Prendi il tè con il latte.
- Vai in vacanza in Italia.

2 LEGGERE E SCRIVERE

Risultati di un sondaggio *(survey).*

Aggiungi *(add)* **gli articoli e continua con le altre persone.**

es. La signora Dolci va al bar ogni giorno: prende una brioscia e beve un cappuccino.

nome	quando	prende	beve
Signora Dolci	*ogni giorno*	*una brioscia*	*un cappuccino*
Signor Bruni	due volte alla settimana	… cornetto	… caffè
Signorina Merlo	una volta al mese	… fetta di torta	… tè caldo
Signor Grassi	due volte al giorno	… tramezzino	… birra
Sergio Falcone	ogni mattina	… pacchetto di patatine	… coca-cola

3 CULTURA

Leggi con il dizionario.

IL BAR

Il bar in Italia è un'istituzione, fa parte della vita di tutti i giorni. L'italiano che va al lavoro si ferma al bar a prendere il suo caffè o cappuccino, con un cornetto o una brioscia. Il caffè costa poco, circa 60 centesimi, è un piccolo lusso per cominciare bene la giornata. Verso le undici gli italiani vanno al bar a prendere un succo di frutta o un tramezzino e un altro caffè – o l'aperitivo prima di pranzo. In Italia, nelle città e anche nei paesi, ci sono moltissimi bar all'aperto, con sedie e tavolini e qualche volta una pergola. La sera il bar è un punto di ritrovo per i giovani: i ragazzi prendono un gelato o una coca-cola e decidono che cosa fare con gli amici.

1 Normalmente al bar va   ☐ poca gente
          ☐ molta gente

2 Gli italiani la mattina   ☐ prendono un caffè e un cornetto
          ☐ fanno una grossa colazione a casa

3 Il caffè costa   ☐ più di un euro
          ☐ meno di un euro

4 L'aperitivo si prende   ☐ dopo pranzo
          ☐ prima di pranzo

5 I giovani vanno al bar   ☐ per incontrare gli amici
          ☐ per bere alcolici

ORA SAI
(NOW YOU KNOW)

✓ ordinare qualcosa al bar
✓ usare aggettivi
✓ chiedere il prezzo e pagare
✓ parlare di paesi e nazionalità
✓ contare fino a dieci
✓ presentarti ad altri e fare domande
✓ fare una breve conversazione su viaggi e lavoro

l a v o r a r e   p e r   v i v e r e

A	Che lavoro fa lei?
B	Che ore sono?
C	La routine quotidiana
D	Giorni e date

A Che lavoro fa lei?

ATTIVITÀ

1 **Fai frasi. Usa le preposizioni solo se necessario.**

1 Lavoro		Milano
2 Arrivo	**da**	industriale
3 Sono	**di**	libri
4 Lavoro qui	**in**	un supermercato
5 Faccio		molto tempo
6 Vendo		ufficio alle 9
7 Sono chimico		il papà

2 **Dividi gli aggettivi in positivi (+) e negativi (−). Scegli un aggettivo per ogni lavoro e completa con 'mi piace/non mi piace'.**
es. Il lavoro di postina è divertente e mi piace.

creativo	divertente	leggero	sicuro
ripetitivo	pesante	rilassante	noioso
pericoloso	stressante	antipatico	simpatico

Il lavoro di ...
- dottore ....
- pilota ....
- architetto ....
- cuoco ....
- fotografo ....
- poliziotto ....

3 **Completa la scheda per queste tre persone.**

Mi chiamo Antonio, faccio l'infermiere. Lavoro in un ospedale vicino al centro da molti anni. Comincio presto la mattina e finisco tardi, ma è un lavoro interessante perché non è mai monotono, c'è molto da fare e si conosce molta gente nuova.

Sono Giacomo. Ho ventidue anni e suono la chitarra con un gruppo di amici. Il gruppo si chiama ICS e siamo in quattro. Sono con il gruppo da tre anni e suono nei bar in un night vicino a casa mia. Si guadagna poco, ma come lavoro è fantastico e mi piace moltissimo.

Sono Marta e sono impiegata di banca. Ho ventitré anni e questo è un lavoro nuovo per me. Ho cominciato nel 2002. Lo stipendio è abbastanza buono ma il lavoro è noioso: passo ore davanti al computer e parlo raramente con il pubblico. Penso che cambierò presto.

nome	lavoro	da quanto tempo	dove	☺	☹

Ora scrivi un paragrafo sul tuo lavoro come Antonio, Giacomo e Marta.

GRAMMATICA

1 **Metti l'articolo *il/lo/la/l'* e aggiungi *(m)* o *(f)* o *(m/f)* dopo il nome.**

> **Maschile e Femminile**
>
> **-o** *(m)*   **-a** *(f)*   **-e** *(m/f)*
>
> NB. I nomi in **-ista** possono essere sia maschili che femminili.

es. **il** *dottore (m),* **il/la** *dentista*

1 ...... dottoressa
2 ...... meccanico
3 ...... violinista
4 ...... commesso
5 ...... programmatore di computer
6 ...... impiegata
7 ...... ministro
8 ...... farmacista
9 ...... artista

2 **Completa con la forma giusta del verbo *fare*.**

> **Presente di *fare****
>
> (io)   faccio
> (tu)   fai
> (lei / lui) fa

1 - Io .... il commesso e tu che ....?
2 • Io .... l'infermiere.
3 - E tuo fratello che ....?
4 • Lui .... il parrucchiere.
5 - Mia sorella invece .... la farmacista.

3 **Da quanto tempo? Dai risposte vere.**
es. Studio l'italiano da un mese.

> presente + **da** + tempo

Da quanto tempo ...

1 abiti nella tua casa?
2 non parli con tua madre?
3 studi il francese?
4 non scrivi una lettera?
5 parli inglese?
6 non fai una telefonata?
7 fai sport?
8 non prendi un tassì?

4 **Per conoscersi meglio.**
Scrivi le domande e le risposte.
es. Ti piace lo sport?
Sì, mi piace moltissimo./No, non mi piace.

> **TI PIACE......?**   **TI PIACCIONO...?**
> **(una cosa)**   **(più cose)**
>
> lo sport   i gelati   l'Internet
> i film dell'orrore   i concerti pop
> la musica classica   la fotografia
> gli esami   le arti marziali
> le patate   i telefonini
>
> **TI PIACE......?**
> **(un'attività)**
>
> ballare   ascoltare   mandare email
>   la radio
> sciare   leggere   guardare la TV

Ora scrivi un paragrafo sulle cose che ti piacciono e le cose che non ti piacciono.

B Che ore sono?

ATTIVITÀ

1 **Scrivi le ore in numeri sull'agenda.**

1 Vedere il direttore alle undici
2 Al Bar con i colleghi alle tredici e trenta
3 Appuntamento con il Signor Marini alle quindici e trenta
4 Aeroporto: partenza per Londra alle diciannove e cinquanta

Martedì	
Appuntamento con il Sig. Marini	
Appuntamento con il Direttore	
Al Bar con i colleghi	
Aeroporto. Partenza per Londra	

2 **Scrivi gli orari in paroli come nell'esempio.**

es. *La pizzeria è aperta dalle undici alle tre e dalle sei alle undici.*

> **Orario di apertura**
> **dalle** 11 **alle** 15
> e **dalle** 18 **alle** 23

Pizzeria	Museo del Corso	Informazioni Turistiche
11–15 18–23	orario estivo 12–22	9,30–12,30 16,30–19,30

Birreria	Farmacia	Parcheggio
20–02	orario continuato 9–17	13–15 17–19

3 **Scrivi l'ora in parole.**

1 Il volo Alitalia 345X arriva alle 18,45.
2 L'Eurostar parte per Parigi alle 11,35.
3 Il museo di arte moderna apre alle 10.
4 Il concerto comincia alle 19,30.
5 L'autobus per Roma parte alle 14,15.
6 La metropolitana finisce alle 24,00.

4 **Indovina a che ora Silvia esce da casa.**

Cara Giovanna,
*Sono contenta di andare al cinema con te. Il film comincia alle **sette e trenta** precise e ci possiamo vedere davanti al cinema **mezz'ora prima** (possiamo prendere un caffè!). Io prendo l'autobus e di solito arrivo in **quarantacinque minuti**. Da casa mia all'autobus sono **quindici minuti**. Dalla stazione al teatro sono **venticinque minuti** a piedi. Perciò devo prepararmi in fretta e uscire immediatamente. A più tardi. Ciao.*
Silvia

Silvia esce alle ....

GRAMMATICA

1 **Scrivi il numero vicino alla parola.**

a) dodici ...
b) diciotto ...
c) cinquantasette ...
d) centosettantasei ...
e) quindici ...
f) ventidue ...
g) quarantacinque ...
h) sessantasei ...
i) diciassette ...
j) cinquantacinque ...

2 **Metti al plurale.**

Articolo determinativo				
	(m)		*(f)*	
(s)	il lo	l'	la	l'
(pl)	i gli		le	

*es. **il** panino, **lo** studente, **l'**oleandro – **la** casa, **l'**ora*
***i** panini, **gli** studenti, **gli** oleandri – **le** case, **le** ore*

1 Il treno   ......
2 La casa   ......
3 Lo studente ......
4 L'autobus   ......

5 La stazione ......
6 L'oliva   ......
7 Lo scrittore......
8 L'attore   ......

3 **Metti le frasi al plurale.**

(s)	comincia	chiude	apre	finisce
(pl)	cominci**ano**	chiud**ono**	apr**ono**	fini**scono**

es. La lezione comincia alle dieci.
Le lezioni cominciano alle dieci.

1 La lezione finisce alle due.
2 Il mercato apre alle sette e trenta.
3 Il parcheggio chiude alle ventitre.
4 La banca apre alle otto.
5 Il teatro chiude a mezzanotte.

C La routine

ATTIVITÀ

1 **Scrivi le ore in almeno** *(at least)* **due modi diversi.**

es.   *7,45: le sette **e** quarantacinque*
*le sette **e** tre quarti*
*le otto **meno** un quarto*
*le diciannove **e** quarantacinque*

a) 6,50   ....
b) 9,45   ....
c) 5,40   ....
d) 12,15   ....
e) 1,30   ....

2 **Per ogni disegno scrivi una domanda e una risposta. Usa gli avverbi di tempo come nell' esempio.**

es. A che ora ti svegli?
*Mi sveglio **sempre/di solito** alle otto e mezza.*

3 **Due frasi su tre sono giuste. Cancella la frase sbagliata (*wrong*).**

1 *Mi* *lavo*
~~*studio*~~
alzo

2 Prendo la macchina
un cappuccino
l'ufficio

3 Arrivo in Roma
sempre tardi
a casa

4 Torno presto
di Milano
a Venezia

5 Faccio una passeggiata
una giornata
una doccia

6 Lui esce dalle otto
alle otto
da casa

4 **La giornata di Roberto. Rimetti i verbi al posto giusto.**

lavora (2)	beve	si lava	prende (4)
cena	si prepara	arriva	finisce
si alza	si fa	va	si veste
esce	torna (2)	passa	si rilassa

Roberto (1) .... in un ufficio di Assicurazioni. Di solito (2) .... alle sette e mezza del mattino e verso le otto meno un quarto (3) .... un caffè. Non fa colazione. Poi (4) .... e (5) ...., e alle otto (6) .... per andare al lavoro. Alle otto e mezza (7) .... e (8) .... l'autobus numero 36. (9) .... in ufficio alle nove e (10) .... fino all'una.

All'una e un quarto va al bar con i colleghi: mangia un panino, (11) .... un succo di frutta e (12) .... un altro caffè. Alle due (13) .... in ufficio e (14) .... il pomeriggio con i clienti o al telefono. Il lavoro (15) .... alle sette. Roberto (16) .... l'autobus e (17) .... a casa verso le otto. (18) .... subito una bella doccia e alle otto e mezza (19) .... con la famiglia. Poi (20) .... con la TV e (21) .... a letto in genere a mezzanotte.

Ora descrivi la tua giornata nello stesso modo, con i verbi in prima persona.

GRAMMATICA

1 **Completa con il verbo, il pronome (mi, ti, si, etc) o tutti e due.**

Verbi riflessivi	
mi alzo	**mi** vesto
ti alzi	**ti** vesti
si alza	**si** veste
(alzarsi)	(vestirsi)

svegliarsi	alzarsi	
vestirsi	prepararsi	rilassarsi

1 D'inverno io mi .... tardi.
A casa tua, chi si .... per primo?
Gianni si .... presto ma si .... tardi.

2 Tu .... fai la doccia ogni mattina?
Io d'estate .... sveglio presto, verso le sei e mezza.
Marisa .... lava e .... veste in cinque minuti.

3 Alle otto, Daniele .... e va al lavoro.
Tu .... presto di solito?
Dopo cena io .... con la musica.

2 **Scrivi domande e risposte sulla giornata di Roberto (vedi attività C4) come nell'esempio.**

es. A che ora si alza Roberto? **Si alza** *alle 7.*
E tu a che ora ti alzi? **Mi alzo** *alle …*

Continua con:

1 Fare colazione
2 Arrivare in ufficio
3 Cominciare il lavoro
4 Finire di lavorare
5 Mangiare qualcosa
6 Cenare
7 Andare a letto

3 **Per ogni giorno della settimana scegli un'attività e una parte della giornata:**

mattina, pomeriggio, sera, notte.

alzarsi presto	fare la spesa
telefonare a casa	incontrare amici
andare a lezione d'italiano	andare a letto presto
andare dal dentista	fare una passeggiata
studiare l'italiano	rilassarsi
lavarsi	andare al cinema

es. Lunedì mattina mi alzo presto.

Lunedì ....
Martedì ....
Mercoledì ....
Giovedì ....
Venerdì ....
Sabato ....
Domenica ....

4 **Lavoro o rilasso? Scrivi L o R.**

Nina va spesso al cinema ☐
Ugo arriva tardi in ufficio ☐
L'avvocato parla con un cliente ☐
Stasera vado a cena fuori ☐
Domani faccio ginnastica ☐
L'orario è dalle 9 alle 7 di sera ☐
Pina è andata a ballare con Franco ☐

D Giorni e date

ATTIVITÀ

1 **Mesi e stagioni. Rispondi.**

■ Quali sono i mesi della primavera?
■ Quali sono i mesi dell'estate?
■ In che mese vai in vacanza?
■ Qual è il tuo mese preferito?
■ In che mese è il tuo compleanno?
■ In che mese siamo adesso?

2 **Dov'è, quand'è? Scrivi frasi complete.**

es. Il Salone dell'automobile è a Torino **dal** *10* **al** *18 giugno.*

Gli eventi dell'anno
Salone dell'automobile: Torino, 10–18/6
1 Esposizione d'arte contemporanea: Roma, 14–27/10
2 Campionati di atletica: Genova, 2–10/5
3 Rassegna del cinema: Locarno, 5–12/8
4 Fiera del Disegno Industriale: Milano, 9–17/4
5 Mostra del libro: Bologna, 10–15/3

3 Da quanto tempo? Guarda le date e rispondi.

> 1957: Mercato Comune
> 2002: Euro in circolazione
> 1966: l'Inghilterra vince la Coppa del Mondo
> 1982: L'Italia vince la Coppa del Mondo
> 1930: Marconi inventa la radio
> 1997: Primi viaggi aerei a basso prezzo

> **dal** 1950
> **da** 50 anni

es. Da quanto tempo esiste il Mercato Comune?
*Esiste **dal** 1957/**da** circa 50 anni.*

Da quanto tempo …
1 è in circolazione l'euro?
2 l'Inghilterra non vince la Coppa del Mondo?
3 l'Italia non vince la Coppa del Mondo?
4 esiste la radio?
5 i viaggi in aereo costano poco?

GRAMMATICA

1 *Tu* e *Lei*

	essere	avere
(io)	sono	ho
(tu)	sei	hai
(Lei / lui, lei)	è	ha

Per ogni risposta trova una domanda con il *tu* e una con il *Lei*.

> *es. (**Tu**) Sei inglese?*
> *(**Lei**) Lei è inglese?*
> *Sì, sono inglese.*

1 (*Tu*) ....
(*Lei*) ....
Ho venticinque anni.
2 (*Tu*) ....
(*Lei*) ....
Sì, ho una casa grande.
3 (*Tu*) ....
(*Lei*) ....
Sono di Bari.
4 (*Tu*) ....
(*Lei*) ....
No, non sono americano.
5 (*Tu*) ....
(*Lei*) ....
Sì, ho molti amici a Roma.

2 Quando è nato/a *(born)*? Quanti anni ha? Scrivi le date in parole.
es. Marisa = Firenze 4/8/58.
Marisa è nata a Firenze il quattro agosto millenovecentocinquantotto.

1 Sergio = Arezzo – 12/7/1972
2 Vittoria = Palermo – 3/11/1963
3 Nico = Perugia – 23/6/1986
4 Patrizia = Milano – 26/12/1974

1 È VERO PER TE?

Se falso, correggi con una frase completa.

- Il tuo lavoro ti piace molto.
- Lavori con molte persone.
- Ti svegli alle 7.
- Non fai colazione, prendi solo un caffè.
- Vai al lavoro a piedi.
- L'intervallo per il pranzo è di mezz'ora.
- La sera finisci abbastanza presto, verso le sei.
- Non lavori mai dopo cena.
- Vai al pub con amici il mercoledì e il sabato.
- La domenica dormi fino all'una.
- Non fai sport.
- Per rilassarti, leggi libri gialli.

2 LEGGERE

Pietro Carrubi – Via Pisanello 35, Lucca
Ho quasi 15 anni, studio ragioneria e cerco amici e amiche in tutta Europa. Sono simpatico, dicono tutti. Il sabato suono il sassofono in un gruppo. Dei cantanti mi piace Renato Zero, ma mi piacciono molto anche i Pooh. Mi interessa soprattutto ricevere lettere e foto!

Franca Cecchinato – Campo Venier 15, Venezia
Ho 13 anni, vorrei corrispondere con ragazzi e ragazze di tutte le età: vorrei avere tanti amici! Sono timida (ma non per lettera). Mi piace la natura, mi piacciono le cose semplici e quelle misteriose. Desidero ricevere una foto da chi mi scriverà.

Vito e Pina Vetrano – Via Consalvo 138, Napoli
Siamo fratello e sorella di 14 e 16 anni. Ci piace ascoltare Dire Straits e ci piacciono molto i Beatles. Amiamo la natura e soprattutto i cavalli. Ci piacerebbe corrispondere con ragazzi e ragazze della stessa età, possibilmente del Nord d'Italia o di altri paesi europei. Mandate una foto per favore.

Domande facili.

1 Quanti anni ha la ragazza di Venezia?
2 Di dove sono Vito e Pina? Quanti anni ha Pina?
3 Come si chiama Pietro di cognome?
4 In che città abita?
5 Chi è il più giovane?
6 A chi piace la natura?
7 A chi piacciono le cose misteriose?
8 A chi piace la musica dei Beatles?
9 A chi piacciono i Pooh?

3 CULTURA

Leggi e sottolinea tutti gli orari.

Gli orari in Italia
In Italia in genere la giornata inizia presto e finisce tardi. Le scuole cominciano alle 8 nel nord e alle 8,30 a Roma e nel sud. Si va a scuola anche il sabato. I bar sono già aperti alle 7 di mattina e in genere anche i mercati.

I supermercati normalmente fanno orario continuato, dalle 8 di mattina alle 8 di sera. Anche nelle fabbriche l'orario è continuato, ma i negozi in genere fanno una pausa per il pranzo: sono aperti dalle nove all'una e dalle quattro alle otto. Oggi molti negozi aprono anche la domenica mattina. Al cinema, l'ultimo spettacolo è alle 10 e mezza di sera. D'estate ci sono molti cinema all'aperto perché è molto piacevole guardare un film al fresco.

ORA SAI

✓ dire che lavoro fai
✓ dire da quanto tempo e dove lavori
✓ dire che cosa ti piace e non ti piace
✓ dire l'ora
✓ parlare di orari
✓ descrivere la tua routine
✓ indicare date e compleanni

in famiglia

A	In famiglia
B	Che tipo è?
C	Animali
D	Presentazioni

A In famiglia

ATTIVITÀ

1 **Continua la serie:**

Mia madre, mia sorella, ...
Tuo padre, tuo cugino, ...

Fai tre frasi a piacere con le parole sopra.
es. Mia madre è francese.

2 **La famiglia di Giorgio.**

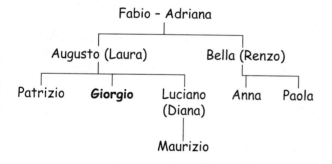

```
                 Fabio – Adriana
        ┌───────────────────────────┐
   Augusto (Laura)              Bella (Renzo)
  ┌──────┬────────┐            ┌──────┬──────┐
Patrizio Giorgio Luciano     Anna   Paola
              (Diana)
                │
            Maurizio
```

VOCABOLARIO EXTRA

suocero il padre del marito/della moglie
suocera la madre del marito/della moglie
genero il marito della figlia
nuora la moglie del figlio
genitori il padre e la madre
cognato il marito della sorella
il fratello del marito
cognata la moglie del fratello
la sorella del marito

Rispondi.

1 Come si chiama la cognata di Giorgio?
2 Quanti nipoti ha Patrizio?
3 Chi è la suocera di Diana?
4 Chi è la nuora di Augusto?
5 Come si chiama la cognata di Bella?
6 Quanti zii ha Maurizio?
7 Chi sono i genitori di Paola?

3 **Rimetti i possessivi che mancano (vedi pag. 18), con l'articolo se necessario.**

Cara Cristina,

Ti mando una foto di (1) .... zia Ada, la sorella più piccola di (2) .... madre. Lei vive in Spagna perché (3) .... marito è di Siviglia, è avvocato; (4) .... casa è nel centro storico, abitano lì da molti anni. Il bambino a destra è (5) .... figlio Pedro e la bambina a sinistra è (6) .... figlia Anita: sono (7) .... nipoti preferiti e io vado spesso a trovarli d'estate (ho anche imparato un po' di spagnolo!). So che tu vai spesso in Spagna (8) .... padre e (9) .... madre vivono ancora sulla Costa Brava? Scrivi presto.

Antonia

GRAMMATICA

1 I possessivi.

(il)	mio	tuo	suo
(la)	mia	tua	sua
i	miei	tuoi	suoi
le	mie	tue	sue

Attenzione. Con i nomi di famiglia al singolare, non si usa l'articolo.

*es. Questa è **mia** sorella.   Questi sono **i miei** figli.*

A una festa Giorgio (v. attività 2) presenta persone della sua famiglia a amici.

*es. (Diana) Questa è **mia** cognata.*

1 (Maurizio) ....
2 (Patrizio e Luciano) ....
3 (Augusto e Laura) ....
4 (Bella e Renzo) ....
5 (Anna e Paola) ....

2 Presente di *avere* e *essere*.

avere		essere	
ho	abbiamo	sono	siamo
hai	avete	sei	siete
ha	hanno	è	sono

a Completa le domande e le risposte. Usa tutte le forme del presente di *avere*.

*es. (Tu) **Hai** una penna blu..?*
*No, mi dispiace, **ho** una penna rossa.*

1 *(Tu)* .... la bicicletta?
Sì, ... una bicicletta nuova bellissima.
2 *(Lei – formale)* ....?
Sì, ... il telefonino da molto tempo
ma lo uso poco.
3 *(Voi)* ....?
No, non .... la macchina stasera.
Prendiamo un tassì.

4 *(Noi)* .... tempo per prendere un
caffè?
Sì, non è tardi, ... ancora venti
minuti.
5 *(Silvia)* Quanti figli ....?
Tre, penso. Due maschi e una femmina.
6 *(Luigi e Serena)* Quante ....?
.... due case, una in città e una al
mare in Calabria.

b Due ragazze chiacchierano sulla spiaggia. Completa con le forme adatte del verbo *essere*.

Marisa: Tu .... sposata?
Gianna: No, non .... sposata. Abito in
un appartamento con altre ragazze.
M: Quante .... in tutto?
G: .... in quattro, e andiamo molto
d'accordo.
M: Ah, bello! Tu .... abituata a una
famiglia grande?
G: Bèh sì, ho due fratelli. Loro ....
molto giovani, non .... sposati.
M: Io ho solo una sorella, che ....
divorziata.
G: .... molto più grande di te?
M: Veramente no, lei ha ventotto anni e io
ventisei.

3 All'Ufficio Oggetti Smarriti.

**a Guarda gli oggetti e scrivi le domande.
Usa il *Lei*.**

*es. Scusi, questa è **la sua** borsa?*

(Lei)		(Tu)	
il suo	i suoi	il tuo	i tuoi
la sua	le sue	la tua	le tue

Attenzione. Il possessivo è normalmente
preceduto dall'articolo.

*es: Questa è **la sua** macchina?*
*Questi sono **i suoi** occhiali?*

borsa

1 occhiali

2 portafoglio

3 chiavi di casa

4 carta di credito

5 fazzoletto

6 telefonino

7 penna

8 borsellino

b Fai le stesse domande a un amico usando il *tu*. Scrivi una risposta.

> es. *Questa è **la tua** borsa? No, non è la mia borsa.*
>
> es. *Questi sono **i tuoi** occhiali? Sì, sono i miei occhiali, grazie.*

VOCABOLARIO EXTRA

Un altro modo per descrivere una persona:

Ha un'espressione	arrogante
un'aria	dolce
uno sguardo	sereno/a
un sorriso	ironico/a
	duro/a
	gentile

B Che tipo è?

ATTIVITÀ

1 Vero o falso?

La Primavera - ha i capelli corti
- ha gli occhi grandi
- ha il naso lungo
- è bella

La Monalisa - è misteriosa
- ha i capelli ricci
- porta gli occhiali
- ha gli occhi chiusi

Enrico VIII - è antipatico
- ha i capelli neri
- ha la barba lunga
- è magro

- **Scrivi delle frasi su ognuno. Usa il Vocabolario Extra se vuoi.**

2 Come sei di carattere?

a Trova i contrari.

es: triste/allegro

calmo/a	triste	allegro/a
antipatico/a	bugiardo/a	divertente
noioso/a	timido/a	impulsivo/a
sincero/a	simpatico/a	aperto/a

b Scegli gli aggettivi giusti e completa.

un po'	abbastanza	molto	non molto
in genere	qualche volta	sempre	non...mai

Ora scrivi un paragrafo su di te e sul tuo migliore amico.

> *es: Di carattere io sono allegro ma **qualche volta** sono **un po'** triste.*

3 Anime gemelle

a Leggi e decidi se chi scrive è un uomo o una donna.

b Quattro persone su sei troveranno l'anima gemella. Quali sono?

---

1 ... *Uomo* ...

Leggi, pensaci e rispondimi! Sono un industriale brillante, generoso, senza problemi finanziari. Cerco ragazza giovane, bella, sensuale. Scrivi C.G. 397, Como.

---

2 ......

Ho 42 anni, casa in montagna e affetto da dare, sono avvocato, cerco compagna spiritosa, piena di entusiasmo, gioia di vivere. Scrivere a Casella Postale 25Q, Milano

---

3 ......

Ragazza giovane, bella, intelligente, dolce e tenera, educata, delicata, timida, cerca ragazzo eccezionale, temperamento artistico, per amicizia e eventuale matrimonio. Scrivere a Casella GV67.2 Torino

---

4 ......

Ragazza spiritosa, amante della compagnia, annoiata vita provinciale, cerca amici per weekend divertenti anche fuori città. Scrivere Casella postale 78.B Brescia.

---

5 ......

44enne bella presenza, attività free-lance, buona cultura, carattere vivace ottimista, alta bruna, in attesa di divorzio, cerca compagno per costruire futuro insieme. Scrivere CF 200 Cuneo.

---

6 ......

Giovane motociclista cerca amica avventurosa, libera e allegra per gite domenicali al lago o ai monti. Scrivere con foto a Casella 200.VX Bolzano.

---

c Con il vocabolario sopra, scrivi il tuo annuncio per trovare la tua anima gemella.

GRAMMATICA

1 **Aggettivi: maschile e femminile.**

singolare		
(m)	(m/f)	(f)
-o	-e	-a
	-ista	

a Fratello e sorella si somigliano (*look alike*):

Fabio è alto *Anche Lina è alta.*
è magro ....
è grande ....
è spiritoso ....

b Fratello e sorella non si somigliano affatto:

Antonio è bruno *Ada invece* ....
è basso ....
è grasso ....
è noioso ....

c **Metti al femminile.**
es. *Antonio è un uomo fortunato.* →
Antonia è una donna fortunata.

Mario è un bambino timido. Maria ....
È bravo a scuola.
Giulio è simpatico ma egoista.*
Però è un ragazzo vivace.
Suo padre è un uomo intelligente.

2 **Metti al plurale nomi e aggettivi.**

a *es. occhio azzurro → occhi azzurri*

	singolare		plurale
(m)	-o	→	-i
(f)	-a	→	e
(m/ f)	-e	→	-i

occhio grande ....
barba bionda ....
spalla quadrata ....
ragazzo robusto ....
ragazza vivace ....

b *es. la gamba lunga → le gambe lunghe*

Attenzione:				
singolare			plurale	
-co	-ca	→	-chi	-che
-go	-ga	→	-ghi	-ghe
eccezione: amico→amici, amica→amiche				

la fronte larga ....
la barba bianca ....
il piede stanco ....
il collo lungo ....
la spalla larga ....
il dente bianco ....

3 **Molto.**

molto (avverbio, inv.):
es. *È **molto** bella. Sono **molto** bravi.*
molto, molta, molti, molte (aggettivo):
es. *Ha **molti** cugini e **molte** zie.*

Scegli l'avverbio o l'aggettivo.

1 Lei ha .... pazienza con i bambini.
2 È un film .... interessante.
3 Mi piace .... sciare.
4 C'è .... gente oggi al mercato.
5 Mangiare .... frutta è una buona cosa.
6 Mario ha telefonato .... volte.
7 È una persona .... gentile.
8 Fa .... caldo oggi.
9 C'è una notizia .... importante per te.
10 La Ferrari costa ...., ma lui ha .... soldi.

C Animali domestici

ATTIVITÀ

1 **Completa queste espressioni molto comuni in italiano.**

lupo
Leone (m)
aquila
coniglio
pecora
mulo
tigre (f)
Lumaca
volpe (f)
pesce (m)

es. astuto come una volpe

1 forte come un ....
2 ostinato come un ....
3 feroce come una ....
4 lento come una ....
5 timido come un ....
6 pauroso come una ....
7 muto come un ....
8 ho una fame da ....
9 è molto intelligente – è un' ....

2 **a Indica di quale animale si parla.**

1 [ ]

Anche se è piccolo, è coraggioso e pieno di energia. È un bravissimo cacciatore di volpi e topi. Simpatico, allegro e vivace, è anche un buon cane da compagnia. È lui Milù, il compagno di avventure di Tin Tin, l'eroe dei fumetti francesi.

2 [ ]

È il cane più raro e più costoso del mondo. Originario dalla Cina, è alto 50 centimetri. È molto pigro e passa ore senza muoversi. Ma se attacca, può anche uccidere.

3 [ ]

Ha un carattere ideale: è un cane docile e affettuoso che si integra benissimo nelle famiglie, soprattutto se ci sono bambini: infatti è diventato un perfetto babysitter! È invece diffidente verso gli estranei e perciò è anche un buon cane da guardia.

sharpei
fox terrier
pastore belga

b Scrivi quale scegli se...

1 hai tre bambini piccoli   ....
2 non sei un tipo attivo   ....
3 ti piacciono le avventure   ....
4 vivi in una casa solitaria   ....
5 hai molti soldi   ....
6 ti piace l'allegria   ....

3 Hai un animale in casa? Scrivi cinque frasi usando il vocabolario di attività 2.

GRAMMATICA

1 Metti le frasi al plurale.

es. Il gatto è un animale misterioso.
I gatti sono animali misteriosi.

plurale		
(*m*) **i** gatti	**gli** animali	**gli** scoiattoli
(*f*) **le** pecore	**le** lumache	

1 Il cane è socievole.
2 Lo scoiattolo è veloce.
3 La tartaruga è lenta.
4 Il canarino è giallo.
5 Il cane lupo è feroce.
6 Il pesce è muto.
7 Il maiale è sporco.
8 L'elefante è intelligente.

2 Scegli la forma corretta di *preferire, capire* o *finire.*

Verbi in *-isco*: presente di *finire*			
(io)	fin**isco**	(noi)	fin**iamo**
(tu)	fin**isci**	(voi)	fin**ite**
(lui, lei)	fin**isce**	(loro)	fin**iscono**

1 Tu, che animali ....?
  Io .... i gatti.
2 Tu parli francese?
  Lo .... , ma non lo parlo.
3 Ora .... di cenare e usciamo subito.
  Noi veramente .... rimanere a casa.
4 Scusi, parli più piano, noi non ....
  Va bene. Ora ....?
5 Non so quando .... l'ultimo spettacolo.
  I film in genere .... a mezzanotte.

D Presentazioni

ATTIVITÀ

1 Sei all'Ufficio Collocamento (*Job Centre*) e l'impiegato riempie un modulo. Scrivi le sue domande usando:

da quanto tempo come dove
che di dove quanti
qual è

Impiegato: Dunque, vediamo. Lei come si chiama?
Mary: Mary Russell.
I: .... ?
M: R–U –S –S– E –L –L
I: .... ?
M: Sono inglese, di Brighton.
I: .... ?
M: Qui a Genova.
I: .... ?
M: Via A.Monti 37
I: .... ?
M: Faccio l'insegnante d'inglese.
I: .... ?
M: Alla Berlitz School.
I: .... ?
M: Da un anno e mezzo.
I: .... ?
M: No, sono divorziata.
I: .... ?
M: Sì, due.
I: .... ?
M: Uno sei anni, l'altra quattro.
I: .... ?
M: No, non viaggio molto. Vado in Inghilterra due volte all'anno.

2 **Con i dati delle interviste, scrivi una presentazione di Valerio e Marina.**

Nome	*Valerio Berti*	*Marina Santo*
Età	26	35
Di dove	Ancona	Venezia
Famiglia	sposato, niente figli	sposata, due figli
Lavoro	programmatore di computer	operaia
Da quanto tempo	5 anni	10 anni
Sveglia	verso le 7	6.00
Partenza da casa	8 in punto	verso le 7
Trasporto	a piedi	bicicletta + treno
Orario di lavoro	ufficio: 8 – 14	fabbrica: 8 – 17 orario continuato
Pranzo	a casa	al bar della fabbrica
Rilasso	musica rock teatro qualche volta	libri gialli TV
Viaggi	all'estero per lavoro	in Italia per vacanze

es. Si chiama Valerio Berti, ha ventisei anni, è di Ancona …
Continua.

■ **Secondote che tipi sono Marina e Valerio fisicamente e di carattere? Descrivi.**

■ **Guarda la prima colonna e scrivi tutte le domande per le interviste.**

1 È VERO PER TE?

Se non è vero, correggi con frasi complete.

es. Sei figlio unico. → Falso. Non sono figlio unico, ho una sorella.

- Ti piacciono le famiglie numerose.
- Hai tre cugini e due cugine.
- Tua sorella è la tua migliore amica.
- I tuoi genitori sono figli unici.
- I tuoi nonni abitano lontano.
- Ti piace passare il weekend in famiglia.
- Il tuo zio preferito si chiama Stefano.
- Ti piacciono le feste di compleanno.
- Vedi i tuoi zii e le tue zie una volta all'anno.
- Hai un gatto bianco e nero.

2 LEGGERE

IN INGHILTERRA: Nonna a 29 anni

A 29 anni è già nonna: la più giovane nonna d'Inghilterra, Jacqueline Roberts, ha avuto un nipotino dalla figlia Gemma. Stesso destino: tutte e due mamme a 14 anni. Adesso Jacqueline aiuterà la figlia a allevare il piccolo Brandon, nato domenica scorsa all'ospedale di Rotherham.

La giovane famiglia vive in una cittadina industriale dello Yorkshire, Mexborough. "Quando ho saputo che mia figlia stava ripetendo la mia esperienza, ero furiosa – ha detto la nonna – Ma ora sono felice, siamo felici."

età della nonna	
età della mamma	
nazionalità	
il neonato: maschio o femmina	
giorno della nascita	
età della nonna quando è nata Gemma	
residenza	
sentimenti della nonna oggi	

3 CULTURA

La famiglia oggi

Gli italiani fanno pochi figli. La grande famiglia italiana è sempre più piccola. La famiglia media ha in genere solo due figli. Questo trend è molto diffuso in Europa oggi, ma in Italia forse sorprende di più.

Perché succede? Perché le donne lavorano di più e non hanno molto tempo per i figli? O forse perché la famiglia vuole per i suoi figli un livello di vita molto alto? Non sappiamo di sicuro. Tuttavia in questi ultimi anni le cose stanno cambiando e il numero dei nuovi nati sta crescendo di nuovo.

ORA SAI

✓ dire con chi vivi
✓ presentare e descrivere la tua famiglia
✓ descrivere una persona fisicamente
✓ parlare del carattere di una persona
✓ parlare di animali domestici
✓ esprimere preferenze
✓ chiedere e dare informazioni su famiglia e lavoro

tutti a casa

A	A casa
B	La mia stanza
C	In albergo
D	Prenotazioni

A casa

ATTTIVITÀ

1

a Per ogni frase scrivi il tipo di casa.

> Casa a schiera – Appartamento –
> Villa – Casa di campagna

1 Abito al terzo piano, in un grande palazzo nel centro di Roma.
2 Viviamo in un paesino. Abbiamo tre camere da letto al primo piano. La cucina e il soggiorno sono al pianterreno.
3 Abito con la mia famiglia in una strada moderna dove tutte la case sono attaccate l'una all'altra e sono tutte uguali. Hanno tutte un piccolo giardino davanti.
4 Mia zia vive in campagna in una casa molto lussuosa. È enorme ed è circondata da un bellissimo parco.

b Scrivi frasi simili.

a)
> Mia sorella e mio cognato
> appartamento centro
> modernissimo – 4° piano
> Perugia

b)
> Nonno
> villetta – campagna
> 2 piani – giardino
> grande
> 4 stanze – due bagni

c)
> Guido e famiglia
> casetta a schiera
> vicino lago
> 2 piani – 2 balconi
> piccolo giardino

2 Indica con una freccia come preferisci queste stanze e scrivi.
es. Mi piace la cucina grande.

	grande
	piccolo/a
	luminoso/a
Cucina	caldo/a
Camera da letto	fresco/a
Studio	arieggiato/a
Soggiorno	tranquillo/a
Bagno	silenzioso/a
	accogliente
	ordinato/a
	elegante

3 Scambio di casa.

a Leggi e disegna l'appartamento.

> *Gentile signora Dixon,*
>
> *Sono felice di fare uno scambio di casa con lei questa estate.*
>
> *Il mio appartamento è al sesto piano. Nel palazzo c'è l'ascensore. L'appartamento è abbastanza grande: due camere da letto, cucina grande, soggiorno, studio, due bagni e un grande balcone nel soggiorno.*
>
> *Un lungo corridoio divide l'appartamento esattamente in due. Entrando, a sinistra c'è subito la cucina, grande, dove si può anche mangiare. A destra, di fronte alla cucina, c'è lo studio dove si può anche dormire, perché c'è un divano letto. A destra della cucina c'è un bagno grande. In fondo al corridoio, a sinistra, c'è una camera da letto grande per due persone. Di fronte a questa c'è un'altra camera da letto grande (con due letti singoli). Di fronte al bagno grande c'è il soggiorno con due finestre enormi e un bel balcone. In fondo al corridoio, tra le due camere da letto c'è un piccolissimo bagno. Tutti e due i bagni hanno la doccia.*
>
> *Spero di ricevere presto una sua lettera con le informazioni sul suo appartamento.*
>
> *Cordiali saluti.*
> *Anna Marini*

b Dove sono le stanze?

1 La cucina è .... studio.
2 Il bagno è .... cucina.
3 Le camere da letto sono ....
   corridoio.
4 Il soggiorno è .... studio.
5 Il bagno grande è .... soggiorno.
6 Il bagno piccolo è .... due camere da
   letto.

c Questa è la piantina del tuo appartamento.

Descrivilo alla signora Marini come nella lettera di attività 3.

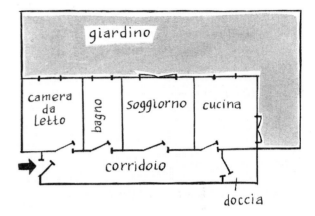

GRAMMATICA

1 Completa con *abitare*.

1 Io *abito* in Via Magalotti e tu?
   Io .... con i miei genitori.
   (Noi) .... in Via Palestro, vicino alla stazione Termini.

2 Da quanto tempo (voi) .... lì?
   (Noi) .... in Via Palestro da nove anni.

3 E tua sorella, dove .... ?
   Mia sorella Lia .... con il marito in Via dei Serpenti, vicino al Colosseo.
   (Loro) .... lì da quattro anni.

4 Tuo fratello Tommaso .... a Terni?
   No, Tommaso e sua moglie Carla .... a Perugia da due mesi.

2 Segna (√) in quale stanza fai queste cose e scrivi una frase per ogni stanza.
es. Nella mia camera dormo e nel soggiorno mi rilasso.

Presente: verbi regolari

parlare		vedere	
parlo	parliamo	vedo	vediamo
parli	parlate	vedi	vedete
parla	parlano	vede	vedono

dormire		pulire	
dormo	dormiamo	pulisco	puliamo
dormi	dormite	pulisci	pulite
dorme	dormono	pulisce	puliscono

	Cucina	Studio	Camera da letto	Soggiorno	Bagno	Balcone	Giardino
cucinare							
dormire							
mangiare							
studiare							
scrivere							
leggere							
rilassarsi							
guardare la tv							
ascoltare la radio							
fare la doccia							
giocare							
vestirsi							
lavarsi i denti							
lavare i piatti							
telefonare							
mettere in ordine							

3 *Rilassarsi, lavarsi, vestirsi.* Scegli il verbo e completa.

Presenti verbi riflessivi

lavarsi		vestirsi	
mi lavo	**ci** laviamo	**mi** vesto	**ci** vestiamo
ti lavi	**vi** lavate	**ti** vesti	**vi** vestite
si lava	**si** lavano	**si** veste	**si** vestono

1 Io .... appena mi alzo, ma i miei fratelli .... più tardi.
2 La mattina noi .... in fretta.
3 Come .... tu stasera? elegante?
4 I miei nonni .... in giardino, noi .... con la Tv.
5 Voi come .... la domenica?
6 Io .... i denti prima di andare a letto.

4 Lavoretti di casa. Completa il racconto al presente con i verbi adatti.

lavare – fare la spesa – apparecchiare –
lavare – stirare – *preparare* –
mettere in ordine – pulire – passare

A casa mia è mia madre che *prepara* la cena e mio padre che (1) .... i piatti. Tutti noi (2) .... la casa. Mio fratello e mia sorella in genere (3) .... la tavola e qualche volta (non sempre!) (4) .... la loro stanza. Al weekend mio padre (5) .... l'aspirapolvere. Il sabato io (6) .... per tutta la settimana, gli altri giorni se serve qualcosa ci pensano gli altri. Quando ne ho bisogno, io (7) .... anche le mie camicie – mi piace stirare perché si può guardare la televisione allo stesso tempo. E per fortuna c'è la lavatrice che (8) .... i panni di tutti!

E a casa tua? Adatta il brano.

B La mia stanza

ATTIVITÀ

1 **In quale stanza si trovano? Aggiungi l'articolo e metti nella colonna giusta.**

sedie   tappeto   televisore   libri   poltrone
armadio   bottiglie   frigorifero   letto   scaffali
tavolo   giornali   lume   specchio   piatti
cuscini   quadri   bicchieri   divano

CUCINA	CAMERA LETTO	SOGGIORNO	STUDIO	BAGNO

2 **Completa con un elettrodomestico e l'articolo se necessario.**
   es. Devo stirare i pantaloni.
   Dov'è il ferro?

1 Vorrei pulire la casa, però .... è rotto.
2 Il vino bianco deve stare in .... per almeno un'ora.
3 Per il pollo arrosto .... deve essere a 180°.
4 C'è un bel film in TV stasera ma non sono in casa, tu hai .... ?
5 Vorrei cambiare canale ma non trovo ....
6 Mentre preparo il caffè, ascolto sempre ....
7 Mio figlio passa troppe ore lavorando al ....
8 Hai i capelli bagnati, vuoi .... ?
9 C'è una montagna di piatti sporchi. Per fortuna c'è ....

3 **Gli assegni** *(cheques).*

Hai fatto molte spese oggi. Scrivi gli assegni per gli oggetti nella lista, con le cifre in parole come nell'esempio.

BANCA INDUSTRIALE ITALIANA	Roma, 11/2/03

A vista pagate per questo assegno bancario

Euro ... *quattrocentoventitre* ......
e sessantotto centesimi €423,68
a ....
                        Firma
                        ....

746901756   446730891

radio digitale 135 euro

2 racchette tennis 112 euro

lavastoviglie 530 euro

computer portatile (laptop) 1300 euro

libri 60 euro

aspirapolvere 423,68 euro

GRAMMATICA

1 **Preposizioni articolate. Completa le frasi.**

a

Preposizione + articolo singolare		
	(m)	*(f)*
in:	**nel nello nell'**	**nella nell'**

1 Il computer è .... studio.
2 Il frigorifero è .... cucina.
3 Le poltrone sono .... soggiorno.
4 Lo specchio è .... bagno.
5 I fiori sono .... vaso.
6 Il televisore è .... soggiorno.

b

Preposizione + articolo singolare				
	(m)		(f)	
a:	al	allo all'	alla	all'
di:	del	dello dell'	della	dell'

1 La poltrona è .... finestra. (*davanti a*)
2 Il tavolo è .... stanza. (*nel centro di*)
3 Il divano è .... porta. (*a destra di*)
4 Il televisore è .... poltrona. (*vicino a*)
5 Il quadro è .... scaffale. (*di fronte a*)
6 L'armadio è .... porta. (*a sinistra di*)

2 **Metti al plurale.**
   es. Il libro è sullo scaffale. I libri sono sugli scaffali.

Preposizione + articolo plurale			
	(m)		(f)
su:	sui sugli		sulle
a:	ai agli		alle

1 Il cuscino è sul divano.
2 La lampada è sul tavolino.
3 Il quadro è sul muro.
4 La sedia è vicino al tavolo.
5 La pianta è vicino alla finestra.

3 **Le cose che piacciono a lui e a lei.**

a lui	a lei
gli piace	**le** piace
gli piacciono	**le** piacciono

Fabio: Sono un tipo abbastanza sportivo. Adoro nuotare, vado sempre al mare d'estate. Cammino molto e se posso non prendo la macchina in città. Mi piace il mio lavoro. Per rilassarmi, leggo libri gialli. Non guardo quasi mai la TV. Il sabato mattina gioco a tennis al club sotto casa e la domenica dormo fino a tardi, poi esco con gli amici.

Bice: Sono pigrissima, passo ore sul divano guardando la TV e bevendo coca cola. Non mi piacciono molto i libri. Adoro i miei amici, parlo con loro al telefono a ogni ora del giorno e della notte. La mattina appena mi alzo accendo la radio e ascolto musica. Gli sport non mi interessano. Vado spesso a ballare in discoteca il sabato sera, ma la domenica preferisco riposare o fare passeggiate.

> *es.* **Fabio: Gli** *piace lo sport,* **gli** *piace nuotare …*
> **Bice: Le** *piace la TV,* **non le** *piacciono i libri …*

Continua con cinque frasi per uno.

4 **Per ogni domanda (1–6) trova la risposta giusta (a–f) e completala con il pronome adatto.**

Pronomi (oggetto diretto)			
singolare		plurale	
(m)	(f)	(m)	(f)
lo	la	li	le

1 Conosci Venezia?
2 Conosci le mie amiche Rita e Nia?
3 Tu guardi molto la TV?
4 Da quanto tempo studiate il francese?
5 I film americani non mi piacciono. E a te?
6 Dove si trovano i giornali stranieri?

a) Io ...... trovo divertenti.
b) Noi ...... troviamo al centro.
c) Certo, ... ho incontrate a casa tua.
d) ...... studiamo da due anni ma non ...... parliamo bene.
e) No, non ...... conosco, non ci sono mai stata.
f) Veramente ...... guardo molto poco.

C In albergo

ATTIVITÀ

1 **All'Ente Turismo. Completa le domande e scrivi risposte plausibili.**

COME	QUANTI	CHE	DOVE
QUANDO	QUALE	QUANTE	

1 .... categoria di albergo desidera?
2 .... preferisce stare, al centro o fuori città?
3 .... lo preferisce?
4 .... persone siete?
5 .... camere vuole?
6 .... vuole venire?
7 .... giorni vuole stare?
8 .... le piace di più, il Manzoni o l'Augustus?

2 **All'albergo. Scrivi il dialogo**

Albergo	Turista
☺ - ?	🛏

Albergo	Turista
🛏 / 🚿 ?	🛁 + ☎

Albergo	Turista
🌙 ?	🌙🌙

Albergo	Turista
🗓 ?	Sabato 5 Luglio Domenica 6 Luglio

Albergo	Turista
OK. 🍴☕ / 🍴☺ ?	🍴☕ - € ?

Albergo	Turista
€68 (👤🌙) - OK?	OK.

3 **Vorrei un albergo … Unisci i contrari.**

moderno — economico
futuristico — antico
nuovo — fuori città
familiare — vecchio
centrale — di lusso
costoso — tradizionale

GRAMMATICA

1

> ce n'è uno/una
> ce ne sono tre/venti/100

> **HOTEL AUGUSTUS, Montecatini.** Situato nel centro della zona termale, vicinissimo ai parchi.
> 102 camere con bagno, 28 con doccia. 30 camere hanno un balcone sulla strada principale. Tutte le camere hanno telefono diretto, TV e aria condizionata regolabile. L'albergo dispone di un solarium, un bar e una grande terrazza panoramica. Grande sala per congressi e riunioni. Piano bar e TV al pianterreno. Cucina internazionale e cucina tipica toscana. Gestione dei proprietari, atmosfera cordiale e ottimo servizio.
>
> | Distanze | |
> |---|---|
> | Firenze | 46 km |
> | Siena | 110 km |
> | Lucca | 33 km |

Leggi e rispondi usando *ce n'è* **o** *ce ne sono.*
  es. Quante camere ci sono in tutto all'Augustus?
  Ce ne sono 102.

1 Quante camere ci sono con TV e aria
   condizionata?
2 Quanti telefoni ci sono in ogni camera?
3 Quante camere ci sono con balcone?
4 Quante camere con doccia?
5 C'è un bar con musica?
6 Quanti bar ci sono in tutto?
7 Ci sono sale per congressi?
8 Quanti chilometri ci sono per Firenze?
9 E per Lucca?

2   **Ricostruisci le risposte.**

> **ne**
>
> *es. Quanti fratelli hai?* **Ne** *ho due.*
>
> NB. **ne** va sempre prima del verbo

es: Quanti anni hai? (ho /18 / ne)
Ne ho diciotto.

1 Quanti euro hai in tasca?
   (ho/circa/ne/100)
2 Quanti giornali compri al giorno?
   (compro/o/due/tre/ne)
3 Hai visto qualche film italiano recentemente?
   (uno/ne/bellissimo/ieri/visto/ho)
4 Hai animali domestici?
   (ne/due,/ho/gatto/tartaruga/e/
   un/una/vecchia)
5 Conosci ristoranti buoni qui vicino?
   (ne/ce/buoni/molti/sono/tutti)
6 Quante camere da letto ha quella casa?
   (probabilmente/o/ne/sei/cinque/ha)

3   **A che piano?**

> **Numeri ordinali**
>
> | | |
> |---|---|
> | primo/a | sesto/a |
> | secondo/a | settimo/a |
> | terzo/a | ottavo/a |
> | quarto/a | nono/a |
> | quinto/a | decimo/a |

■ **Completa la scheda e scrivi a che piano**
abitano queste persone.

8	
7	
6	*Signora Panizzi*
5	
4	
3	
2	
1	
P	*Studio legale*

es. Lo Studio Legale è al pianterreno.
La signora Panizzi abita al sesto piano.

■ **A che piano abitano?**

1 La famiglia Vanini abita
   all'ultimo piano   ....
2 Il signor Cinelli abita sopra alla
   signora Panizzi   ....
3 I signori Gatto sono sotto alla
   signora Panizzi   ....
4 La famiglia Antinori abita tre
   piani sotto alla signora Panizzi ....
5 I Colangeli abitano sopra allo
   studio legale   ....
6 La signora Anna Marini abita
   tra i signori Gatto e i signori
   Antinori   ....
7 Un appartamento è in vendita.
   A che piano è?   ....

D Prenotazioni

ATTIVITÀ

1 **Come si scrive? Usa l'alfabeto telefonico.**

es. *SMITH: Salerno, Milano, Imola, Torino, Hotel.*

- il tuo cognome: ....
- la città dove sei nato: ....
- la strada dove abiti: ....
- il nome di una persona cara: ....
- la tua squadra di calcio: ....
- il tuo attore preferito: ....

2 **Guarda il registro dell'albergo e scrivi la telefonata per la prenotazione.**

Comincia così:

- *Pronto? Hotel Astoria. Buongiorno.*
- *Buongiorno. Vorrei fare una prenotazione...*

cliente	camera/ camere	date	pensione completa/ mezza	richieste speciali	prezzo
Paul Graham	2 singole + bagno	7/4 – 18/4	mezza	prima colazione in camera + TV	€60 al giorno + supplemento servizio in camera €2

3 **Una casa per le vacanze.**

A

A Portorotondo in Sardegna affitto per giugno, luglio e agosto appartamento di 65mq sugli scogli con bellissima terrazza e vista sulle isole, 5 posti letto, posto macchina e giardino privato. Grande spiaggia a cinque minuti. Telefonare 0422 50201

B

Isola di Vulcano affitto luglio e agosto monolocale (2 posti letto) con angolo cottura, doccia, zona pranzo, terrazza coperta. Si trova in un nuovo villaggio turistico a 200m dalla spiaggia. Telefonate allo 051.408832

C

A 5 km da Siracusa affitto lussuosa villa arredata, 5 camere e 5 bagni, riscaldamento e impianto stereo in tutta la casa. 3000m di parco intorno, campo da tennis. Telefonare ore pasti 0923.25631

D

In Calabria affittiamo aprile-ottobre villette da 2, 4, 6, 8 posti letto in azienda agrituristica sul golfo di Taranto tra mare e campagna, tranquillità, prodotti genuini. Telefonare 0981.501367

Scegli una casa (A–D) per ogni gruppo (1–4).

1 Siamo in 6 – due coppie e due bambini. Ci piace la campagna ma vogliamo un posto con accesso al mare per i bambini a giugno.

2 Mi piace guardare il mare e fare pesca subacquea. Siamo un gruppo di 5 amici.

3 Non ci piace la solitudine. Cerchiamo un posto di mare con compagnia e cosa da fare per i bambini.

4 Siamo una grande famiglia e i soldi non sono un problema. Quest'anno vogliamo tornare in Sicilia.

GRAMMATICA

1 **Scrivi i periodi de possibili vacanze per te quest'anno, come nell'esempio.**

es. 20/6–25/6 →
  dal venti al venticinque giugno

2–10/9	**dal** due **al** dieci settembre
1–11/7	**dal** primo **all'** undici luglio

a) 21–29/7   . . . .
b) 8–12/8   . . . .
c) 30/8 – 6/9 . . . .
d) 11–19/4   . . . .
e) 1–8/10   . . . .
f) 17–31/12   . . . .

2 **Hai ricevuto questa email dall'Albergo Augustus.**

a **Metti a posto le preposizioni.**

in (2)	per (2)	della	nel	al
dal (2)	di (2)	alla	del	

Gentile Signora Fairs,

Ci dispiace ma non possiamo confermare la Sua prenotazione (1) . . . . una camera doppia (2) . . . . nostro albergo
(3) . . . . 10 (4) . . . . 15 agosto:
(5) . . . . quel periodo infatti l'albergo è al completo per la festa di Ferragosto e tutte le camere doppie sono occupate. Però
(6) . . . . 16 agosto (7) . . . . fine
(8) . . . . mese ci sono molte camere singole libere.
È possibile (9) . . . . Lei cambiare le date (10) . . . . Sua visita e anche il tipo
(11) . . . . camera?
Restiamo (12) . . . . attesa
(13) . . . . una Sua pronta risposta .

Cordiali saluti
La Direzione

b **Sì o No?**

1 La signora Fairs ha scritto per ringraziare.
2 Le date non vanno bene.
3 L'albergo è pieno di gente.
4 Non ci sono altre possibilità nel mese di agosto.
5 L'albergo chiede alla signora Fairs di venire l'anno prossimo.

① È VERO PER TE?

Se non è vero, correggi con frasi complete.

- Abiti in un appartamento.
- Abiti in questa casa da molti anni.
- C'è un giardino abbastanza grande.
- Ci sono due bagni.
- Il corridoio è giallo.
- Il soggiorno è la tua stanza preferita.
- Passi poco tempo in cucina.
- I tuoi libri sono nella tua camera da letto.
- La tua casa non ti piace molto, vorresti cambiare.
- Preferisci abitare in campagna.

Metti insieme le frasi e scrivi un paragrafo sulla tua casa.

② CULTURA

Internet Forum ha lanciato il tema LA CASA IDEALE.

Una casa: in un bosco o vicina al mare, antica oppure modernissima, futuristica, con un arredamento marziano? Secondo te qual'è la casa ideale? Quali oggetti sono indispensabili per una casa accogliente? È più importante avere un divano o la TV in famiglia? Mandaci un'e-mail.

Ecco le risposte dei lettori:

Un attico fantastico. La casa dei miei sogni è sicuramente un meraviglioso attico con un terrazzo fantastico, pieno di verde. La zona giorno deve essere coloratissima, mentre la zona notte deve essere soprattutto calda, con il pavimento in legno. [*Marco*]

Un piccolo villaggio immerso nel bosco. Tantissimi fiori. Un prato verde. Un laghetto. Case di pietra. Una grande cucina-soggiorno dove poter stare con chi ami. Una piccola camera da letto. Uno studio per poter scrivere e dipingere. Divani comodi, accoglienti e funzionali. Benvenuti (ahimè) anche gli elettrodomestici, una nota fredda ma necessaria. [*Tommaso*]

Odio gli appartamenti. Vivo in una cittadina relativamente tranquilla e piccola, abito in un appartamento, sono una pendolare che lavora in città. Ma il mio sogno è una villetta indipendente, appena fuori dal mio paese, con giardino per i miei figli, un po' di animali e un orto per coltivare verdure. E spazio anche per gli amici che vengono a giocare a carte a casa mia! [*Gioia*]

a Trova le parole della casa.

Parti della casa	Mobili	Aggettivi

b Qual è secondo te la casa ideale degli italiani?

c Ora scrivi la tua email sulla casa dei tuoi sogni.

● ORA SAI

- ✓ dire in che tipo di casa abiti
- ✓ descrivere la tua casa
- ✓ parlare di mobili e elettrodomestici
- ✓ prenotare una camera in un albergo
- ✓ scrivere una lettera
- ✓ usare l'alfabeto telefonico
- ✓ descrivere la casa dei tuoi sogni

in città

A	In città
B	Passeggiate romane
C	Trasporti urbani
D	Cartoline

A In città

ATTIVITÀ

1 **In città. Dove sono queste cose?**

1 supermercato
2 fermata dell'autobus
3 edicola dei giornali
4 cinema
5 fontana

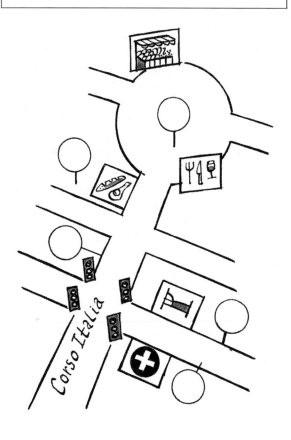

a Leggi le indicazioni e scrivi i numeri sulla cartina.

1 Il supermercato è sul corso, a sinistra, dopo il semaforo.
2 La fermata dell'autobus è proprio accanto all'albergo.
3 L'edicola dei giornali è nella prima strada a destra, vicino alla farmacia.
4 Il cinema è nella seconda strada a sinistra, dopo il negozio di alimentari in fondo a destra.
5 La fontana è nel centro della piazza, vicino al mercato di fronte al ristorante.

b Vero o falso?

1 il negozio di alimentari è nella seconda strada a destra.
2 la farmacia si trova accanto al cinema.
3 il mercato è in fondo al corso.
4 l'albergo si trova di fronte alla farmacia vicino al semaforo.
5 il ristorante è di fronte al mercato, nella terza strada a destra.

2 **Guarda la cartina di attività 1 e scrivi le indicazioni per andare ...**

1 dalla farmacia al ristorante
2 dall'albergo al cinema
3 dal supermercato all'edicola dei giornali
4 dalla fontana alla fermata dell'autobus
5 dal cinema al semaforo

Usa il *Lei*.

3 **Ricostruisci gli indirizzi. Metti le maiuscole dove necessario.**

1 10024/viale/78a/macchiavelli/pistoia/
2 (salerno)/68/amalfi/piazza/Galileo/
3 roma/24/dei/vicolo/serpenti/11600/
4 xx/via/settembre/45/padova
5 int.2b/(perugia)/manzoni/n.65/corso/torre del lago/

GRAMMATICA

1 **Fai frasi. Usa tutti i nomi della colonna a destra.**

Cerco un albergo ...

		chiesa
	al	stazione
vicino	allo	mercato
accanto	alla	stadio
di fronte	all'	aeroporto
dietro		alberi
davanti	ai	negozi
	alle	ristoranti
	agli	fontane
		zoo

2 ***Vada, prenda, giri ...*** **Completa con il verbo adatto.**

> **Imperativo con il *Lei***
>
> verbi in -ARE: **-i**
> *es. giri, cambi, continui, attraversi, cammini*
>
> verbi in –ERE –IRE e verbi irregolari: **-a**
> *es. prenda, vada, scenda, dica*

Turista: Scusi, come arrivo alle Terme?
Vigile: C'è un autobus, ma non parte da qui, parte dall'Autostazione.
Dunque, (1) .... la prima a destra, poi (2) .... a sinistra: qui c'è l'autostazione. (3) .... l'autobus 55 e (4) .... alla seconda fermata. (5) .... avanti per cento metri fino a Via Matteotti. (6) .... a destra per via Matteotti e (7) .... fino al semaforo, sono due passi. Al semaforo, (8) .... la strada. C'è una grande piazza con una fontana: le Terme sono proprio lì.

3 **Metti i verbi all'imperativo *(Lei)*.**

1 All'agenzia: Se vuole una vacanza memorabile, ... ad Amalfi. *(andare)*
2 Al bar: Questo gelato è squisito – lo .... anche lei. *(prendere)*
3 Al semaforo: Attenzione, è rosso! Non .... ! *(attraversare)*
4 Dal medico: Se vuole star bene, non prenda la macchina, ... ! *(camminare)*
5 In treno: Per Terontola, ... alla prima fermata dopo Firenze. *(scendere)*
6 Al pub: Questa storia è molto interessante. La prego, ... *(continuare)*
7 Al negozio: È una giacca perfetta per Lei. La .... *(comprare)*

B Passeggiate

ATTIVITÀ

1 L'Albergo Vittoria

a Leggi la lettera e segna sulla cartina come andare dalla Stazione Termini all'Albergo Vittoria, Via Panisperna 128.

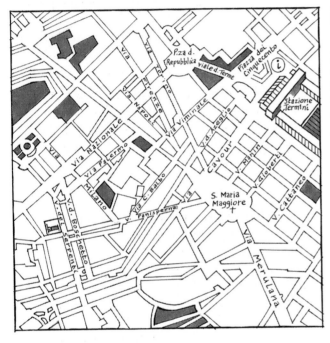

- Uscendo dalla **Stazione Termini**, e attraversi Piazza dei Cinquecento. In fondo a sinistra continui sempre dritto per Viale delle Terme e vada a Piazza della Repubblica. Prenda la prima a sinistra, Via Nazionale, continui sempre dritto per dieci minuti e poi prenda la quarta strada a sinistra. Dopo 100 metri prenda la prima a destra, continui fino in fondo e poi giri a sinistra. A Via del Boschetto continui sempre dritto per cinque minuti e poi prenda la seconda a destra, Via Panisperna. Continui per trecento metri, attraversi Via dei Serpenti e **l'Albergo Vittoria** è lì a sinistra, all'angolo.

b Un turista nell'albergo deve partire. Scrivi una nota spiegando come andare dall'albergo Vittoria alla Stazione Termini. Usa il *Lei.*

2 Il tuo quartiere è così? Riscrivi il brano cambiando dove necessario.

Io abito in una piccola cittadina nel Nord d'Italia. Il mio è un quartiere moderno, non molto centrale, con palazzi di cinque o sei piani. Ci sono diversi mezzi di trasporto – l'autobus, il pullman e anche il treno (da casa mia alla stazione ci vogliono pochi minuti). Molte persone vanno dappertutto in bicicletta.

Nel quartiere c'è una scuola elementare, un ospedale, un cinema e un parco-giochi per i bambini. Per fare la spesa c'è un supermercato e anche un mercato di frutta e verdura. Nella strada principale ci sono negozi di tutti tipi, anche se non molto eleganti. In genere restano aperti fino alle 8, e il venerdì chiudono tardi, alle 9, che è comodo. Ma al weekend non c'è niente da fare..... Noi ragazzi spesso ci annoiamo. Non c'è una discoteca, c'è solo una pizzeria e un vecchio ristorante e anche un cinema . Io in genere preferisco vedere gli amici al bar all'angolo vicino a casa mia.

Nel mio quartiere non ci sono le scuole superiori – per il liceo bisogna andare al centro. Però ci troviamo abbastanza bene qui e penso che per ora non cambieremo casa.

Claudio

GRAMMATICA

1 Che bel libro!

(m)	(f)
bel bello bell'	bella bell'
bei begli	belle

NB. m.pl. alla fine della frase il maschile plurale
è sempre: **belli**.
*es. Come sono **bell**i!*

**Esprimi la tua ammirazione per tutto ciò
che fa il tuo amico Mario.**

> *es. Mario ha sposato una ragazza deliziosa.*
> *Che **bella** ragazza!*

1 Ha grandi occhi azzurri.
2 Ora hanno due bambini.
3 Hanno comprato una casa stupenda in
   Italia.
4 Lei cura il giardino.
5 Lui pianta insalate.
6 Hanno un cane che si chiama Bob.
7 E una macchina nuova, una Mercedes.
8 Quest'estate ci incontriamo all'isola d'Elba.
9 Poi lui torna in campagna e io torno a
   Londra.
   Ah, Londra! Che .... !

2 È una casa bellissima!

Superlativo:	-issimo
	-issima

es. Questa casa è molto cara.
→ *È car**issima**!*

Lavori per un'agenzia immobiliare.

> *es. **Cliente:** Questa zona è piuttosto*
> *elegante.*
> ***Tu:** È elegantissima!*

1 I giardini sono verdi.   ....
2 I ristoranti costano poco.   ....
3 Gli alberghi sono buoni.   ....

4 La gente è simpatica.   ....
5 Gli autobus sono puntuali.   ....
6 Ci sono molti supermercati.
   Ce ne sono   ....
7 Ci sono poche macchine.
   Ce ne sono   ....

3 Completa con il presente di *potere.*

Presente di *potere* *	
posso	possiamo
puoi	potete
può	possono

1 *A casa*
   – Allora, *posso* prendere la macchina?
   Certo che .... Ma non fare tardi.
   – Possiamo giocare con il computer di papà?
   Assolutamente no. Ma .... giocare
   con il suo football.

2 *Tra amici*
   Chi hai invitato per stasera?
   Ho invitato Giorgio e Nina ma non so se
   .... venire.

3 *All'albergo*
   Scusi, si .... telefonare all'estero da
   qui?
   Sì, certo, si .... fare telefonate in
   qualsiasi paese.

4 *All'Ente Turismo*
   .... comprare qui i biglietti del treno?
   No, mi dispiace. Lei .... fare i
   biglietti o alla stazione o sul treno.

C Trasporti urbani

ATTIVITÀ

1 Quiz. Indovina i mezzi di trasporto.

1 Ha due ruote e non ha motore.
2 Vola come gli uccelli.
3 Ha quattro ruote e non è molto grande.
4 Ha quattro ruote e trasporta molte persone.
5 Ha un motore molto grande e va per mare.
6 Va per mare senza motore.
7 Va sottoterra nelle città.
8 Ha molti vagoni.
9 A Londra è nero, in Italia è giallo o bianco.

Usa il dizionario per le parole che non sai.

2 Che mezzo prendi se…? Fai frasi.
es. Se non ho tempo prendo il tassì perché è comodo.

Se piove		in tassì
Se non ho tempo	**prendo**	il treno
Se c'è il sole	**vado**	l'aereo
Se vado all'estero		la bicicletta
Se ho molto tempo		la macchina
Se vado a Liverpool		a piedi
		la metropolitana
		l'autobus

perché …

VELOCE   COMODO/A   RILASSANTE

CARO   PUNTUALE   ARRIVO PRIMA

NON MI BAGNO   GUARDO IL PAESAGGIO

MI FA BENE

3 Segna (√) i mezzi di trasporto che usi e fai frasi.
es. Prendo sempre la metropolitana per andare al lavoro.

Continua.

	sempre	di solito	di rado	non… mai
l'aereo				
la macchina				
la metropolitana				
l'autobus				
il tassì				
a piedi				

GRAMMATICA

1 Completa le domande e inventa le risposte.

Presente di *andare**	
vado	andiamo
vai	andate
va	vanno

1 Dove ……….. in vacanza? *(tu)*
2 Quando ……….. in America tua sorella? *(lei)*
3 Con chi ……….. al mare? *(voi)*
4 Perché non ……….. in Sardegna quest'anno? *(noi)*
5 Mario e Lia ……….. in macchina o in aereo? *(loro)*
6 Io di solito ……….. a camminare in montagna.

2 **Quanto ci vuole in aereo? Guarda la mappa dell'Alitalia e indovina.**

es. Da Genova a Cagliari ci vuole un'ora e venticinque minuti.

> **ci vuole** mezz'ora
> **ci vogliono** quaranta minuti

a) Da Roma a Venezia ....
b) Da Roma a Bari ....
c) Da Roma a Pisa ....
d) Da Torino a Roma ....
e) Da Milano a Palermo ....
f) Da Roma a Londra ....
g) Da Roma a New York ....

Ora controlla a pagina 132.

3 **Segnali stradali.**

Per ogni segnale scegli il verbo e scrivi che cosa *si può o non si può fare* o che cosa *bisogna fare*.

> **Bisogna**
> **Si può**   + infinito
> **Non si può**

es. Bisogna andare sempre dritto.

ANDARE   FARE ATTENZIONE
SUPERARE   GIRARE   FERMARSI
SUONARE IL CLACKSON

D Cartoline

ATTIVITÀ

1 Manda cartoline a amici italiani, con indirizzi italiani.
Ecco le situazioni:

---

sei a Firenze da due giorni.
Ti piace la gente.
Ti piacciono i musei e i giardini.
Stasera fai una passeggiata sul Ponte Vecchio.
Torni domenica.

Sorrento.
Tempo buono, mare calmo.
Nuoti la mattina, vai in discoteca la sera, incontri gente nuova. Stasera andate tutti insieme a un concerto. Ciao a tutti.

Lago Trasimeno.
Vai spesso al lago a pescare. Vedi Mirella tutti i giorni. La sera mangiate sempre fuori e andate dappertutto in bicicletta. Vi divertite un sacco. A presto!

---

2 Scrivi due dialoghi alla posta:

a Per comprare francobolli (Europa, America).
b Per spedire un pacco (Giornali, Scozzia).

GRAMMATICA

1 Ripassa le preposizioni.

1 La posta parte .... sei.
2 La lettera viene .... Stati Uniti.
3 Un francobollo .... il Perù per favore.
4 Vorrei due francobolli .... 41 centesimi.
5 Il pacco .... Parigi pesa un chilo.
6 È arrivata una cartolina .... Australia.
7 I francobolli si comprano anche .... tabaccaio.

1 È VERO PER TE?

Se non è vero, correggi con una frase completa.

es. Vivi in una città industriale.
  Falso. Vivo in un paese di campagna.

- Abiti in una piazza.
- Nella tua città ci sono molte fontane.
- La fermata dell'autobus è molto vicina a casa tua.
- Se giri a destra arrivi alla stazione della metropolitana.
- Se giri a sinistra arrivi al mercato.
- Per andare al centro da casa tua ci vuole un'ora.
- Nella tua città i tassì sono molto cari.
- In genere vai al lavoro/a scuola in bicicletta.
- Da casa al lavoro/a scuola ci vogliono venti minuti.
- Per andare in vacanza il tuo mezzo preferito è il treno.

2 CULTURA

QUIZ

Che città è?

1 È un grande centro di affari di ogni genere, ma è famosa soprattutto per il design e la moda. Ha un famoso duomo in stile gotico. . . . .

2 La città è piccola ma è famosa per una torre che sta sempre per cadere, ma non cade mai. . . . .

3 È un centro industriale importante nel nord-ovest dell'Italia. Qui si produce la Cinquecento, la macchina più piccola e simpatica del mondo. . . . .

4 È una vecchia città famosa per una bellissima storia d'amore descritta da un grande scrittore inglese. C'è ancora il famoso balcone. Oggi attrae i turisti che amano l'opera. . . . .

5 È unica al mondo. Non ci sono macchine e non c'è traffico. È la città ideale per chi ama l'acqua. Il periodo più divertente per tutti è a febbraio, durante il Carnevale. . . . .

6 È antichissima e piena di meravigliosi monumenti, incluso il posto dove lottavano i gladiatori. È anche una importante città moderna piena di strade e negozi molto eleganti. È la capitale. . . . .

Prepara un quiz anche tu. Scrivi descrizioni di città del tuo paese sullo stesso modello.

3 LEGGERE

Lavorare in città.

Venezia e subito dopo Bologna e Milano sono le città italiane preferite come sede di lavoro. In Europa invece le preferenze vanno a Parigi, seguita da Londra e Barcellona. Secondo i risultati di un'indagine, i lavoratori di Venezia sono in assoluto quelli più soddisfatti della loro città, mentre quelli di Bologna ritengono di avere i migliori servizi di trasporto pubblico e di parcheggi; quelli di Milano pensano che la loro città sia la più dinamica e vitale dove lavorare, e anche la migliore per lo shopping.

Dall'indagine emerge anche che la maggior parte degli italiani raggiunge il posto di lavoro in auto; il 19% usa i mezzi pubblici, il 12% moto e motorini.

(Repubblica, 23.7.'99)

1 Scrivi in quali paesi si trovano le città europee dove si lavora meglio.
2 Di che cosa sono contenti i veneziani.
3 Due vantaggi di vivere a Bologna.
4 Tre vantaggi di vivere a Milano.
5 Il mezzo di trasporto più amato dagli italiani per andare al lavoro.
6 Un mezzo di trasporto a due ruote molto usato in città.

ORA SAI

- ✓ Indicare la posizione di cose e persone
- ✓ Chiedere e dare indicazioni stradali
- ✓ Identificare un itinerario
- ✓ Descrivere la pianta di una città
- ✓ Parlare del tuo quartiere
- ✓ Parlare dei mezzi di trasporto
- ✓ Comprare francobolli
- ✓ Scrivere cartoline

per sopravvivere

A	Il cambio
B	Dove fa la spesa?
C	Come si fa?
D	A tavola

A Il cambio

ATTIVITÀ

1 **Quiz. Frutta e verdura.**

1 È dolce, ha molti chicchi, può essere bianca o nera.
2 Sono lunghe, arancione e crescono sottoterra.
3 Sono tonde o ovali, buonissime fritte.
4 Sono verdi, rossi o gialli e a volte piccanti.
5 Serve per fare l'insalata.
6 È giallo, grosso e dolce, va bene col prosciutto.

patate   fragole   uva   prugne   carote
peperoni   melone   limoni   lattuga   arance

2 **Guarda il disegno e completa la descrizione della banca con le parole giuste.**

1 Ci sono due .... e due ....
2 Tra gli sportelli c'è .... della banca.
3 L'impiegata di destra prende un ....
4 L'impiegato di sinistra conta i .... e dà le ....
5 Tra i due sportelli ci sono dei ....
6 I clienti fanno la ....
7 Il cliente con il cane ha in mano un ....
8 La signora a sinistra mette la .... su un documento.

lo sportello, l'orario, i soldi, i moduli, la coda, la firma, le monete, il passaporto, l'assegno, l'impiegato/a

BANCA TURISTICA ITALIANA

ORARIO
DI APERTURA
TUTTI I GIORNI
DALLE   9·30
ALLE   15·30
CHIUSO IL SABATO

MODULI

3 In banca.

a Rimetti in ordine il dialogo.

Impiegato

Certamente. Lei ha un documento?
Buongiorno. Desidera?
Vediamo … L'assegno è in sterline.
Bene. Grazie. Si accomodi alla cassa.

Cliente

Sì. Me lo può cambiare in euro?
Ecco il mio passaporto.
Vorrei cambiare questo assegno.

b Completa la conversazione.

Impiegato: Buongiorno. ………… ?
Joyce: Vorrei aprire …………
I: Benissimo. Come ………… ?
J: Joyce Berryman.
I: È ………… ?
J: Sì, ma abito …………
I: Bene. Il suo ………… ?
J: Piazza ………… , Bergamo.
I: Ha un ………… ?
J: Sì, ecco …………
I: Quanti ………… vuole depositare?
J: ………… euro.
I: Dunque, ………… euro. Può mettere la
        sua ………… qui?

VOCABOLARIO EXTRA

Unisci verbo e oggetto.

cambiare	un conto
aprire	un modulo
ritirare	un assegno
firmare	soldi
riempire	un documento

GRAMMATICA

1 Scrivi i prezzi in parole.

1 insalata (al chilo)   *un euro e dieci al chilo*
2 mele (1kg)   ……………………
3 uva (1kg)   ……………………
4 arance (1kg)   ……………………
5 pomodori (1kg)   ……………………
6 patate (1kg)   ……………………
7 prosciutto crudo (l'etto)   ……………………
8 zucchero (1kg)   ……………………
9 marmellata (250gr)   ……………………

**2 Guarda le figure dell'attività 1 e
     rispondi.**

Paragoni
più
meno   di …
lo stesso
*es. Un melone costa **più di** una mela.*

1 Costa meno un chilo di zucchero o un chilo di patate?
2 Costano più le arance o i pomodori?
3 L'uva è più cara o meno cara delle mele?
4 Quanto costa mezzo chilo di insalata?
5 Quanto costano due etti di prosciutto?
6 Lo zucchero costa più o meno della marmellata?

3 Quanto vale?

Verbo irregolare: *valere*	
vale	*(3a sing.)*
valgono	*(3a plur.)*

a Completa le domande con *vale* o *valgono*.

1 Hai 30 franchi svizzeri. Quanti euro .... ?
2 Un amico ti dà una corona danese. Quanto .... ?
3 In tasca hai 60 dollari USA. Quanti euro .... ?
4 Ecco duecento euro. Quanti dollari .... ?
5 Quanti euro .... un dollaro canadese?
6 Parti con solo 300 sterline. Quanti euro .... ?
7 Torni dal Giappone con 100 yen. Quanti euro .... ?
8 Qual'è la valuta straniera più forte rispetto all'euro?

b Guarda i cambi di oggi e rispondi alle domande sopra.
    es. 30 franchi svizzeri valgono 201 euro.

EURO	1 euro
STERLINA	1,50
YEN	0,89
FRANCO SVIZZERO	0,67
CORONA DANESE	1,34
CORONA SVEDESE	1
DOLLARO USA	1
DOLLARO CANADESE	0,70

B Dove fa la spesa?

ATTIVITÀ

1 Per fare la spesa.

a Metti i negozi nella colonna giusta come nell' esempio.

FORNAIO   PASTICCERIA   MERCATO
TABACCAIO   VINAIO   FARMACIA
GIORNALAIO   SUPERMERCATO
FRUTTIVENDOLO   SALUMERIA
GELATERIA   MACELLERIA

in	dal	al
pasticceria	vinaio	negozio di alimentari

b Dove si comprano queste cose?
    *es. I giornali si comprano **dal** giornalaio.
    Il latte si compra **in** latteria o **al**
    supermercato.*

Continua con i prodotti sotto. Scrivi frasi complete.

giornali   francobolli   prosciutto
torta di cioccolata   spinaci
pane fresco   carne   antibiotici
arance   basilico   formaggio

2 Segna (✓) il prodotto adatto al contenitore e scrivi la frase.
es. Una bottiglia di latte.

di
acqua minerale
tonno
riso

di
piselli
mele
vino

di
patate
marmellata
burro

di
succo d'arancia
sale
formaggio

di
pomodori
miele
patatine

di
spaghetti
coca cola
meloni

3 Vai a fare la spesa.
Completa i dialoghi e segna sulla lista (√) le cose che compri.

a Dal fruttivendolo.

Tu: Buongiorno. Vorrei un po' di ………… .
Fruttivendolo: ………… ?
Tu: Dunque, per due persone … Mezzo chilo. Mi dia anche un limone, per favore.
F: ………… ?
Tu: Sì, un chilo di patate e un cestino di fragole.
F: …………
Tu: Quant'è in tutto?
F: Tre euro e sessanta, grazie.

pomodori
olio
pane e grissini
mozzarella
prosciutto di Parma
patate novelle
fragole
limone
birra Peroni

b Al negozio di alimentari.

Commesso: Buongiorno, dica.
Tu: Prima di tutto …………
C: E poi?
Tu: Poi …………
C: Altro?
Tu: Sì, ………… per favore.
C: Basta così?
Tu: No, …………
C: Benissimo. Ecco l'olio e due birre.
Tu: ………… ?
C: Sono 22 euro in tutto.

GRAMMATICA

1 Il tuo amico vuole il doppio di tutto.

Pesi e misure

un etto = 100 grammi
mezzo chilo = 500 grammi
un chilo (1 kg) = 1000 grammi
un litro (1 l) = 10

es. Vorrei un litro di latte.
Per me, due litri di latte!

1 Un chilo di mele per favore.
2 Mi dà mezzo chilo di pane?
3 Vorrei una guida di Roma.
4 Dunque ... un etto di prosciutto.
5 E anche 50 grammi di burro.
6 Mi dà mezzo litro di latte?
7 Vorrei una penna rossa.
8 Mi può dare un giornale inglese?
9 E anche una cartolina.

2 Completa con il partitivo singolare o plurale.

L' articolo partitivo

del   dello dell'   della dell'
dei   degli   delle

Il partitivo indica una quantità indeterminata.
Non si usa nelle frasi negative.

*es. Mi piacerebbe **del** vino francese.*
    *Laura ha **dei** figli meravigliosi.*

1 In frigo c'è .... prosciutto e
   .... burro.
2 Ho comprato .... mele fantastiche.
3 Dobbiamo prendere .... latte e
   .... giornali.
4 Mi servono .... patate e ....
   funghi.
5 Compra anche .... caffè e ....
   zucchero.
6 Hai .... amici molto simpatici.

7 Paola fa .... lezioni interessantissime.
8 I ragazzi devono avere .... interessi al
   di fuori della scuola.

3 Stasera viene Pina a cena. Ecco il menu.

antipasto di olive nere e tonno
pollo arrosto
patate al forno
insalata di pomodori
olio e basilico per condire
gelato
vino bianco (Orvieto)

Cosa devi comprare? Fai la lista della spesa:

a   senza quantità precise, usando il partitivo
    es. delle olive nere

b   con le quantità
    es. un etto di olive nere

4 Quanto ne vuole?

Quant**o** ?   Quant**a** ?
Quant**i** ?   Quant**e** ?

Con espressioni di quantità si usa il pronome **ne**.

*es. Quanti **ne** vuole?*

Scrivi domanda e risposta come nell'esempio.

    es. pasta   →   (1 kg)
        Quanta ne vuole?
        Un chilo per favore.

1 zucchero   →   (1 pacco)
2 caffè   →   (100 gr)
3 mele   →   (2 kg)
4 funghi   →   (300 gr)
5 formaggio   →   (200 gr)
6 latte   →   (1/2 litro)
7 pomodori   →   (1 kg)
8 uva   →   (2 kg)

C Come si fa?

ATTIVITÀ

1 Ingredienti. Cosa si fa con…?
es. Con il caffé si fa il cappuccino.

Metti gli articoli e continua.

caffé	olio d'oliva
riso	cotolette
latte	sugo per la pasta
uva	formaggio
pomodori	insalata verde
olive	cappuccino
lattuga	risotto
carne	vino

2 In cucina. Sottolinea la parola estranea al gruppo.
Usa il dizionario se vuoi.

alla griglia	tagliare	pesce	alla bolognese
al forno	bollire	pasta	al sangue
in padella	vedere	pollo	al dente
in fretta	friggere	bistecca	ben cotto

Ora fai quattro frasi a piacere.
es: Mi piace il pollo al forno.

3 Come si fa il tè? Rimetti in ordine (1–8).

- [ ] si aggiunge latte o limone
- [ ] si aspetta un po'
- [ ] si versa l'acqua nella teiera
- [ ] si versa il tè nelle tazze
- [ ] si mettono due bustine/due cucchiaini di tè nella teiera
- [ ] chi vuole mette zucchero a piacere
- [ ] si fa bollire l'acqua
- [ ] si scalda la teiera

GRAMMATICA

1 *Un gelato al …* Unisci preposizioni e gusti.

gelato	al allo alla all'	pistacchio yogurt cioccolata limone amarena zenzero caffè nocciola

Ora scrivi la conversazione dal gelataio: siete cinque amici con gusti diversi.

2 a *Per me, pizza ai funghi.* Continua.

pizza	ai agli alle	funghi zucchini cipolle peperoni erbe quattro formaggi spinaci olive

b
1 Come si chiama la tua pizza preferita?
2 Che tipo di pizza è?
3 Quante volte al mese mangi la pizza?
4 Quanto costa la pizza dove vivi tu?
5 Quali ingredienti ti piacciono particolarmente?

3 Come si fa? Spiega come si prepara *fish and chips* (pesce e patate fritte). Puoi usare i verbi sotto più di una volta.

> **Il *si* impersonale**
>
> **si** prende un filetto
> **si** prend**ono** due filetti
>
> Con il **si** impersonale il verbo va sempre alla 3a persona, singolare o plurale.

Comincia così:

Per il pesce si …
Per le patatine, si …

> prendere
> mettere
> friggere
> aggiungere
> pelare
> tagliare

filetti
pastella
olio d'oliva
sale
aceto

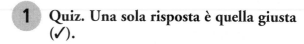

D A tavola

ATTIVITÀ

1 Quiz. Una sola risposta è quella giusta (✓).

1 **Buon appetito** vuol dire
    il cuoco è bravo!
    l'aperitivo è buono!
    mangiate con gusto!

2 **Antipasto** vuol dire
    cibo antipatico.
    cibo per iniziare il pasto.
    un aperitivo.

3 La **ciabatta** è
    una scarpa elegante.
    un tipo di pane.
    un tipo di formaggio.

4 Il **parmigiano** è
    un piatto di verdura.
    un tipo di prosciutto.
    un formaggio che si gratta.

5 La **pizza** si cuoce
    in casseruola.
    al forno.
    alla griglia.

6 Gli **spaghetti** sono un'invenzione
    napoletana.
    francese.
    cinese.

7 Alla **fine del pranzo** di solito si prende
    un aperitivo.
    frutta fresca.
    prosciutto

2 **Cosa prendono per colazione?**
es. La mattina per colazione Nando prende
cereali con latte e zucchero.

Continua con le altre persone.

	Nando
	Sara
	Mina e figlia
	Paolo
	Fiorina
	Gianfranco e moglie
	I ragazzi
	Anna Maria

Aggiungi una frase sulla tua famiglia.

3 **Chi lo dice? Guarda attività 2 e scrivi**
il nome degli intervistati.
es. I cereali con il latte sono la colazione
ideale: Nando.

1
Per noi giovani ci vuole una
colazione abbondante: ....

2
Mi piacerebbe fare colazione ma
non posso: ....

3
Una colazione sana è importante
per noi: ....

4
Un caffelatte mi basta: ....

5
Io preferisco dormire e poi
un buon caffè: ....

6
Noi prendiamo qualcosa al bar
quando andiamo al lavoro:
....

7
La colazione deve essere leggera
e senza caffè: ....

VOCABOLARIO EXTRA

Trova il nome o l'aggettivo. Usa il
dizionario se vuoi.

nome	*aggettivo*
l'allegria	allegro/a
....	gioioso/a
....	vivace
la calma	....
....	bello/a
la bontà	....

GRAMMATICA

1 **Indovina il verbo e completa con la forma giusta.**

Verbi irregolari* in -ARE (ripasso)		
FARE	**STARE**	**DARE**
faccio	sto	do
fai	stai	dai
fa	sta	dà
facciamo	stiamo	diamo
fate	state	date
fanno	stanno	danno

1 Simona .... la spesa al mercato.
2 Questo le .... molta gioia
3 .... in cucina volentieri. (*lei*)
4 Stasera non .... a casa. (*noi*)
5 Voi cosa .... ?
6 Al cinema .... un bel film. (*loro*)
7 Come .... tuo fratello?
8 Che medicine gli .... ? (*voi*)
9 Che .... per cena stasera? (*noi*)
10 Mi .... qualche bella ricetta? (*tu*)

2 **Completa la frase con lo stesso verbo ma una persona diversa.**

Presente dei verbi regolari (ripasso)		
-ARE	**-ERE**	**-IRE**
-o	-o	-o
-i	-i	-i
-a	-e	-e
-iamo	-iamo	-iamo
-ate	-ete	-ite
-ano	-ono	-ono

1 Mentre Claudio studia il francese, io .... l'italiano.
2 Lui legge il giornale solo al weekend, noi li .... ogni giorno.
3 Voi vedete molti film? No, noi .... molta TV.
4 Quando noi andiamo a fare spese, voi dove .... ?

5 Se parti anche tu domani, perché non .... insieme?
6 Se Rita cucina così bene, perché non .... lei per tutti?
7 Io dormo troppo poco, mentre voi .... troppo.
8 Loro camminano sempre, noi non .... mai.

3 **Impara a usare il gerundio.**

Il gerundio
es. and**ando** (going) *al mercato*   *(vb in -ARE)*
av**endo** (having) *tempo*   *(vb in -ERE, -IRE)*

1 .... al mercato, ho incontrato Laura. (*andare*)
2 .... tempo, faccio molte passeggiate. (*avere*)
3 Arrivi prima .... la metropolitana. (*prendere*)
4 Nonno si addormenta .... la televisione. (*guardare*)
5 Ho dimenticato la chiave .... di casa. (*uscire*)
6 .... per gli amici, ci divertiamo. (*cucinare*)
7 .... troppo, si ingrassa. (*mangiare*)
8 .... l'autobus, leggo un bel libro. (*aspettare*)

VOCABOLARIO EXTRA

Scegli l'espressione adatta per rispondere ai complimenti:
1 Allora, sei contenta?
2 Grazie di aver cucinato per noi.
3 Hai molta pazienza con i bambini!
4 Cucini meravigliosamente
a) *È un piacere grande.*
b) *Mi piace molto, è una cosa creativa.*
c) *Mi danno tanta gioia.*
d) *Sì, felicissima!*

1 È VERO PER TE?

Se falso, correggi con una frase intera.

es. Vai al ristorante una volta al mese.
  Falso. Vado al ristorante una volta alla settimana.

- Mangi fuori casa tre volte alla settimana.
- Per pranzo al lavoro ti porti un panino da casa.
- Il tuo ristorante ideale è un self-service.
- Non ti piacciono i dolci.
- Cucinare è il tuo hobby preferito.
- Adori fare la spesa al mercato.
- Vai al supermercato una volta al mese.
- Il tuo cibo preferito è la carne.
- A casa tua nessuno fa colazione.
- Apparecchi la tavola solo nelle grandi occcasioni.

2 LEGGERE E SCRIVERE

Stefania ti ha invitato per una settimana al mare e nella sua lettera descrive i pasti a casa sua.

Noi la mattina prendiamo solo un caffellatte e un paio di biscotti o uno yogurt. Al mare ci portiamo una merenda, di solito un panino col prosciutto. Il pranzo normalmente è all'una e mezza, le due: d'estate mangiamo solo una grande insalata col tonno o le uova, e per finire frutta. Il pomeriggio verso le quattro andiamo di solito a prendere un gelato in paese – qui fanno dei gelati alla frutta assolutamente squisiti. La sera andiamo spesso a mangiare una pizza fuori. E tu che abitudini hai? Spero molto che ti piaccia la dieta mediterranea! A presto

Stefania

Rispondi descrivendo le abitudini di casa tua. Comincia così:

Cara Stefania,
grazie della tua lettera. La mattina noi di solito ...

3 CULTURA

La dieta mediterranea

Con il successo della dieta mediterranea basata su frutta e verdura, pasta, pesce e olio d'oliva, il modo di mangiare italiano si è diffuso in tutto il mondo. Ormai ci sono pizzerie in ogni quartiere nelle grandi città d'Europa, e persino la catena fast-food di Mac Donald ha adottato la pizza nel suo menu. I prodotti italiani si possono comprare in qualsiasi supermercato europeo. Il rito del caffè è diventato di moda anche in Inghilterra: negli ultimi anni i bar con tavolini all'aperto si sono letteralmente moltiplicati.

La qualità degli ingredienti è sempre stata importante nella cucina italiana ma oggi c'è un movimento nuovo per difenderla: si tratta dello *slow food*, nato in opposizione al *fast food*, ed è la tendenza a riscoprire il piacere del cibo genuino consumato senza fretta e possibilmente in compagnia.

- **Quali prodotti italiani compri regolarmente?**
- **Quante volte alla settimana mangi fast food?**
- **Perchè?**

ORA SAI

✓ Capire e indicare prezzi in euro
✓ Cambiare soldi e aprire un conto in banca
✓ Comprare cibo al mercato e nei negozi
✓ Indicare quantità e misure
✓ Indicare quantità indeterminate
✓ Spiegare una ricetta
✓ Parlare degli orari dei pasti

ripasso 1

Test 1–3

UNITÀ 1

1 **Il plurale. Completa.** [4]
es. Vuole un panino? No, vorrei due panini.

1 Desidera una bibita fresca?
No, vorrei quattro ....
2 Un bicchiere di latte, signora?
No, tre ...., per favore.
3 Un gelato piccolo, signorina?
No, vorrei due ...., per favore.
4 Vuole un tè freddo?
Vorrei tre ...., per favore.

2 **Qual è il singolare?** [6]
es. 2 bambini → un bambino

a) 2 case   ....
b) 4 donne   ....
c) 5 ragazzi   ....
d) 6 stazioni   ....
e) 7 studenti   ....
f) 8 camerieri   ....

3 **Dove si trovano esattamente questi paesi?** [4]
es. L'Italia è a sud della Svizzera.

1 La Francia è .... dell'Inghilterra.
2 La Spagna è .... della Francia.
3 La Svizzera è .... dell'Italia.
4 La Francia è .... della Germania.

4 **Completa con il presente di *essere*.** [6]
es. Sei di Roma anche tu?

1 Il direttore .... francese.
2 Io .... a casa.
3 Tu .... un nuovo studente?
4 .... di Milano anche Lei?
5 Gianna .... a Madrid per lavoro.
6 Signora Maria, Lei .... italiana?

5 **Indica la nazionalità.** [6]
es. Liza è americana. (US)

1 Paola è ....   (Italia)
2 Pablo è ....   (Spagna)
3 Francoise è ....   (Francia)
4 Ulrike è ....   (Germania)
5 Onder è ....   (Turchia)
6 Anton è ....   (Grecia)

UNITÀ 2

1 **Continua la serie.**
Scrivi quattro lavori: [4]
es. infermiere

a) ....

Scrivi quattro posti di lavoro:
es. ospedale

b) ....

2 **Riscrivi le domande usando il *tu*.**
*es. Quanti anni **ha**? → Quanti anni **hai**?*

1 Che lavoro **fa**?
2 Come **si chiama**?
3 Da quanto tempo **fa** questo lavoro?
4 Dove **lavora**?

3 **Riscrivi il dialogo usando il *Lei*.** [8]

- Come **ti chiami**?
- Mi chiamo Tom Harris.
- **Sei** inglese?
- No, sono scozzese.
- **Parli** bene l'italiano. Lo **studi** da molto?
- Insomma … Da un anno.
- E … **vivi** in Italia adesso?
- Sì, per un altro anno. E **tu di dove sei**?
- Sono di qui, sono di Genova. **Prendi** un caffè?

4 **Scrivi cosa ti piace o non ti piace.** [3]
es. Mi piace la pizza.

1 birra   4 musica classica
2 sport   5 opera
3 panettone   6 vino bianco

5 **Scrivi i numeri in parole.** [3]
es. 25: venticinque 28: ventotto

a) 15 ....   d) 41 ....
b) 66 ....   e) 48 ....
c) 76 ....   f) 88 ....

6 **Scrivi le ore in parole.** [3]
es. 2,15: Sono le due e un quarto / e quindici.

a) 6,15   b) 8,30   c) 3,05
d) 10,40   e) 1,20   f) 12,37

7 **Scrivi gli orari in parole come nell'esempio.** [5]
es. Gli alimentari sono aperti dalle nove all'una e dalle quattro alle otto.

Alimentari	Banche	Scuole	Posta	Supermercato
9–13 16–20	8– 15,00	8,30 13,30	8– 12	8–14 16–20,30

8 **Scrivi le domande con il *tu*.** [4]
*es. A che ora **finisci** le lezioni? Finisco le lezioni all'una.*

1 .... ?
   Comincio a lavorare alle 8,30.
2 .... ?
   Finisco di lavorare alle 6,00.
3 .... ?
   Torno a casa alle 7,30.
4 .... ?
   Vado al bar a mezzogiorno.

9 **Metti i verbi (*aprire, chiudere, cominciare, finire*).** [4]

1 In Italia le banche .... alle 9,00 e
   .... alle 16,00.
2 La Banca d'Italia .... alle 9.30 e
   .... alle 16,30.
3 Le lezioni di solito .... alle 8,00 e
   .... alle14,00.
4 La lezione d'italiano .... alle 10,00 e
   .... alle 12,00.

10 **La routine. Ricostruisci le frasi.** [4]
*es. Dieci la esco di mattina solito alle
    La mattina di solito esco alle dieci.*

1 ora al arrivi che lavoro? a
2 l' Bice di è orario alle otto dalle due
3 le verso loro tornano casa a otto e mezza
4 alle e pomeriggio otto aprono alle chiudono
   i nel negozi quattro

11 **Completa con i verbi al presente.** [5]
*es. (Alzarsi) Generalmente io **mi alzo** alle otto.*

1 (*Prendere*) Di solito Francesca .... un
   panino al Bar per pranzo.
2 (*Andare*) Normalmente Marisa e Silvana
   .... al lavoro in treno.
3 (*Guardare*) Di solito noi .... la TV
   per due ore la sera.
4 (*Mangiare*) Generalmente loro ....
   alle 7,30.
5 (*Alzarsi*) Di solito a che ora ....
   (tu)Valerio?

12 **Completa con il presente di *avere*.** [6]
*es. (tu) Scusa, **hai** una penna?*

1 (voi) .... un dizionario italiano?
2 (lei) Miriam .... dieci anni.
3 (noi) non .... amici a Bologna.
4 (io) .... un lavoro interessante.
5 (lui) Stefano .... una routine
   frenetica.
6 (loro) Nino e Lia .... una Ferrari
   rossa.

13 Scrivi le forme corrette di *essere* o
avere. [7]

> 10 agosto.
> Ciao Antonio, ... in vacanza a
> Venezia con un amico. Michael ....
> inglese e .... la macchina e così
> .... già a Venezia! Qui ....
> bellissimo. Tu .... sempre a Roma? I
> bambini .... finito la scuola?
> Arrivederci
>   Roberto

14 Quando è il suo compleanno? [4]
  es. Renata = 22 / 3 → il ventidue marzo

a) Maurizio = 4 / 12
b) Anna Maria = 23 / 6
c) Barbara = 15 / 7
d) Carlo = 30 / 5

UNITÀ 3

1 Scrivi cinque domande sulla famiglia.
  es. Quanti siete in famiglia? [5]

1 Quanti ....?
2 Quante...........................?
3 Come ....?
4 Dove..............................?
5 Sei ....?

2 Completa con *mio, mia,* ecc. [6]
  *es. Questo è **mio** figlio.*

1 Questa è ...... sorella.
2 Quella è ...... moglie.
3 Queste sono ......
4 Questo è ...... padre.
5 Quella è ...... madre.
6 Questi sono ......

3 Aggiungi il possessivo e l'articolo se
  necessario. [9]

*es. **il mio** gatto*
1 .... libri
2 .... sorelle
3 .... cane
*es. **la tua** città*
4 .... famiglia
5 .... fratello
6 .... amici
*es. **suo** cugino*
7 .... vacanze
8 .... nonni
9 .... migliore amica

4 Completa con l'aggettivo maschile o
  femminile. [7]

Tiziana è ...	Matteo è ...
....	simpatico
impulsiva	....
....	gentile
coraggiosa	....
....	pratico
....	intelligente
spiritosa	....

5 Animali. Completa con l'articolo
  singolare. [5]
  es. il cammello

1 ...... tigre (f)
2 ...... ippopotamo
3 ...... struzzo
4 ...... leone (m)
5 ...... zebra

6 Metti l'articolo e l'aggettivo plurale. [5]
  es. i cammelli sono lenti (lento/a)

1 ...... leoni sono .... (*fortissimo/a*)
2 ...... zebre sono .... (*veloce*)
3 ...... tigri sono .... (*feroce*)
4 ...... ippopotami sono .... (*buffo/a*)
5 ...... struzzi sono .... (*divertente*)

7 Cambia le informazioni dal femminile (Lucia) al maschile (Fabio). [10]

Lucia è operaia e lavora all'Olivetti di Torino da 3 anni.
Ha 28 anni, è bruna e ha gli occhi azzurri. Di carattere è allegra e estroversa. È sposata da due anni. Suo marito ha 30 anni, è biondo e di carattere è pratico e affettuoso; è impiegato al Comune. Non hanno figli.

Comincia:
Fabio è operaio … è bruno …

Test 4–6

UNITÀ 4

1 Scrivi quattro tipi di abitazione. [2]

2 Indovina la stanza. [7]
1 La stanza dove dormo.
2 La stanza dove passiamo la maggior parte della giornata.
3 La stanza dove faccio la doccia.
4 La stanza dove prepariamo il pranzo.
5 Il posto dove teniamo la macchina.
6 Il posto dove coltivo le piante e i fiori.
7 Il posto dove tengo i vasi di fiori.

3 Metti al plurale. [6]
1 La poltrona è comoda. ....
2 Il cuscino è bello. ....
3 La finestra è grande. ....
4 La sedia è moderna. ....
5 Il lume è acceso. ....
6 Il quadro è astratto. ....

4 Completa la descrizione. [8]
Noi abitiamo in un (1) .... al centro.
Siamo al secondo (2) ....
Nella nostra casa ci sono tre (3) ....
e due (4) ....
(5) .... c'è il corridoio e (6) ....
corridoio c'è un piccolo bagno. La cucina è spaziosa e ha un bel (7) .... dove ci sono i miei vasi di (8) ....

5 Completa con le preposizioni. [13]
*es. Il quadro è **sul** muro, sopra **al** divano.*
1 La pianta è davanti ...... finestra, ... sinistra ...... caminetto.
2 Le sedie sono intorno ...... tavolo ...... centro ...... stanza.
3 I libri sono ...... scaffali ...... destra ...... caminetto.
4 Il tavolo è ...... centro ...... stanza.
5 La finestra è ...... sinistra ...... caminetto.

6 Scrivi quattro elettrodomestici. [4]

7 Scrivi i prezzi come nell'esempio. [4]
es. €140,70 = centoquaranta euro e settanta centesimi.

a) €355 = c) €16,90 =
b) €248,50 = d) €11,30 =

8 Completa con *lo, la, li, le.* [5]
es. Dove metti le sedie?
***Le** metto intorno al tavolo.*

1 Quando portano le poltrone?
.... martedì pomeriggio.
2 Perché chiudono la finestra?
.... perché fa freddo.
3 Dove metti i libri?
.... sugli scaffali.
4 Chi legge i giornali?
.... mio fratello.
5 Chi compra la frutta oggi?
.... Susanna.

9 **Rispondi negativamente, usando** **gli** o **le.** [5]

es. *A Maria piacciono le rose.*
   *No, **le** piacciono i gerani.*

1 A Luigi piace Pavarotti. (*Bocelli*)
2 A Luisa piacciono i gatti. (*i cani*)
3 A Mario piace andare in aereo. (*in treno*)
4 A Renata piacciono i film americani.
   (*Italiani*)
5 A Sergio piace leggere. (*guardare la TV*)

10 **L'alfabeto telefonico. Chi sono queste** **persone?** [4]

1 Pisa, Ancona, Venezia, Ancona, Roma,
   Otranto, Torino, Torino, Imola
2 Bologna, Empoli, Como, Kappa, Hotel,
   Ancona, Milano
3 Pisa, Roma, Ancona, Domodossola, Ancona
4 Bologna, Empoli, Napoli, Empoli, Torino,
   Torino, Otranto, Napoli

11 **Scrivi 3 frasi per le prenotazioni.** [3]

es. *singola 13-15/1 →*
   Vorrei prenotare una camera singola
   dal 10 al 15 gennaio.

a) 3 singole   18/3 – 20/3
b) 1 doppia   25/6 – 3/7
c) 1 singola   30/5 – 7/6

UNITÀ 5

1 **In città, trova un posto ...** [6]

es. *Per comprare frutta e verdura: il*
   mercato

1 per dormire: ....
2 per ballare e divertirsi: ....
3 per vedere un dramma: ....
4 per cambiare soldi: ....
5 per ammirare opere d'arte: ....
6 per pregare: ....

2 **Unisci le frasi come nell'esempio.** [6]

es. *Scusi, c'è un telefono nel bar?*

Scusi...
1 c'è — un consiglio?
2 è questo   biglietto per Pisa.
3 mi può dire   un ristorante economico.
4 vorrei un   dei gabinetti pubblici qui
       vicino?
5 mi può dare   dov'è il Duomo?
6 ci sono   un telefono nel bar?
7 sto cercando   l'Albergo Sole?

3 **Completa con le preposizioni.** [5]

es. *La fontana è accanto **alla** chiesa.*

1 I tassì sono di fronte .... museo,
   vicino .... chiesa.
2 La farmacia è .... angolo, vicino
   .... al cinema.
3 Il vigile sta accanto .... semaforo,
   davanti .... parcheggio.
4 La pizzeria è vicino .... fermata, di
   fronte .... edicola.
5 Sono proprio vicino .... zoo, ti
   aspetto qui.

4 **Metti il verbo adatto. Usa il** **Lei.** [6]

es. *Dunque, **prenda** Via Cavour.*

1 .... sempre dritto.
2 .... la seconda a sinistra.
3 poi .... a destra.
4 .... avanti un po'.
5 .... la strada.
6 .... ancora a sinistra.
   e la metropolitana è lì.

5 **Scrivi le indicazioni per questo turista.** [6]

> *es. Dov'è la banca?*
> *Vada sempre dritto, la prima a destra.*

1 Dove posso comprare giornali e riviste?
2 Sa dirmi se c'è una pizzeria qui vicino?
3 Devo comprare delle medicine.
4 Dove posso trovare un fornaio?
5 So che c'è una bella chiesa antica non lontano. Dov'è?
6 C'è un albergo qui vicino?

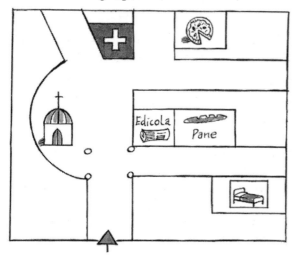

6 **Correggi gli errori.** [5]

> *es. Che bell' casa! Che **bella** casa!*

1 Che bello bambino!
2 Che bei occhi!
3 Che bell' vacanza!
4 Che bella canzoni!
5 Che begli monumenti!

7 ***Ci vuole* o *ci vogliono*?** [5]

> *es. Quanto ci vuole? Ci **vogliono** due ore.*

1 Da qui a Piazza Sempione .... dieci minuti.
2 Quanto tempo .... per arrivare a San Pietro?
3 In metropolitana .... solo dieci minuti.

4 A piedi .... almeno mezz'ora.
5 So che .... più di un'ora in macchina.

8 **Trova le domande.** [4]

> *es. Per Via Po ci sono quattro fermate.*
> *Quante fermate ci sono?*

1 Ci vogliono quindici minuti a piedi.
2 Si deve cambiare due volte.
3 I tassì sono davanti alla stazione.
4 Per il Colosseo c'è l'autobus 62.

9 **Scrivi una cartolina con questi dati.** [6]

sei a Verona
da 1 settimana
devi andare → Milano
distanza: 1 ora in treno
stai benissimo
ti diverti
torni sabato
baci a tutti

10 **Metti le preposizioni.** [5]

Devo andare ...... tabaccaio ...... comprare delle cartoline ...... Firenze e dei francobolli ...... l'Europa ...... 40 centesimi.

UNITÀ 6

1 **Scrivi quattro cose che si comprano al mercato.** [2]

2 **Scrivi le cifre in numeri.** [5]

> *es. quattrocentoquaranta → **440***

a) Settecentocinquantasei
b) Seimiladuecentotrenta
c) Ottocentonovantotto
d) Millecentoundici
e) Tremiladuecentosettantasei

3 **Correggi gli errori.** [4]
*es. sessantotto: 78 → **68***

a) centoquindici: 105
b) duecentoventuno: 212
c) tremilaquattrocentoventicinque: 3415
d) cinquecentosessantuno: 157

4 **Scrivi i negozi dove si comprano questi prodotti.** [5]
*es. Pane – **dal fornaio**.*

1 Sigarette e francobolli –
2 Pomodori, zucchine, fagiolini –
3 Carne –
4 Prosciutto, salame –

5 **Aggiungi l'articolo partitivo.**
Per fare il Tiramisù ci vuole: [7]

del mascarpone, ... biscotti, ...
caffè forte, ... uova,
.... zucchero, ... cacao,
.... panna, ... cognac

6 **Completa con le quantità.** [5]
*es. Un **chilo** di pane per favore.*

1 Vorrei due .... di acqua minerale.
2 Devo comprare tre .... di prosciutto.
3 Per favore mi dia 200 .... di burro.
4 Mi dà un .... di peperoni?
5 Mezzo .... di zucchero per favore.

7 **Scrivi gli ingredienti per solo due persone.** [8]

'Sugo alla bolognese' (per 4 persone).
2 fette di pancetta a cubetti
1 kg di pomodori maturi
3 etti di carne macinata
4 cucchiai di olio
1 bicchiere di latte
2 carote
1 cipolla
2 spicchi di aglio
sale e pepe

8 **Completa con *costa/costano*.** [6]

1 Le mie nuove scarpe .... 50 euro.
   Non sono care.
2 Scusi, quanto .... la borsa di pelle
   nera?
3 Le pesche .... troppo, ma l'uva
   .... pochissimo.
4 Quanto .... il biglietto per Chiusi?
5 Se .... poco le compro.

9 **Scrivi cinque cose tipicamente italiane che ti piace mangiare.** [2]

10 **In questi piatti mancano le preposizioni.** [5]
*es. riso **al** burro*

1 spaghetti ...... pomodoro
2 spinaci ...... olio
3 pollo .... zenzero
4 bistecca ...... ferri
5 gelato .... nocciola

11 **Scrivi la ricetta con il *si* impersonale invece dell'infinito.** [6]
es. Come preparare l'insalata →
*Come **si prepara** l'insalata*

- Insalata mista -
1 lavare la lattuga
2 tagliare i pomodori
3 affettare il cetriolo
4 aggiungere fettine di peperone verde
5 aggiungere basilico fresco
6 condire con olio, aglio e limone

12 **Scrivi cinque cose che servono per apparecchiare la tavola.** [2]
es. i bicchieri

sotto l'albero

A	Regali per tutti
B	Desidera?
C	Com'è vestito?
D	Tanti auguri

A Regali per tutti

ATTIVITÀ

1 **Trova il materiale adatto. Usa tutte le parole.**

1	scarpe		lana
2	gonna		pelle
3	golf		argento
4	maglietta		cuoio
5	biancheria	**di**	velluto
6	pantaloni	**d'**	lino
7	borsa		plastica
8	braccialetti		seta
9	camicia		oro
10	occhiali		cotone
11	scialle		tela

2 **Completa la lista delle spese. Usa anche le parole di attività 1.**

es. Uno scialle (da donna) di seta per mia madre.

uno scialle	(da donna)	di seta	per mia madre
un	da	di	per ....
un paio	....	....	....
una	....	....	....
un	....	....	....

3 **In quale negozio senti queste frasi?**

es. Vorrei un profumo francese, per favore. In profumeria.

dal	fornaio
in	profumeria
al	bar, **all'**edicola

1 Avete giornali stranieri?
2 Vorrei vedere un paio di orecchini d'oro molto moderni.
3 Posso provare questa gonna?
4 Mi fa vedere quella borsa da viaggio di pelle nera?
5 Queste scarpe sono strette, ci vuole un numero più grande.
6 Vorrei vedere un vestito da donna di cotone, taglia 42.
7 Quell'orologio d'oro da uomo – è molto caro?

GRAMMATICA

1 Quale preferisce?

Presente dei verbi in *-isco*: *capire*	
capisco	capiamo
capisci	capite
capisce	capiscono

es. preferire, finire, pulire

a Completa le frasi con l'idea opposta.
*es. Noi preferiamo la birra, **ma loro preferiscono il vino**.*

1 Gianfranco preferisce il teatro, ma io
....
2 Io preferisco uscire stasera, ma voi
....
3 Tu preferisci cenare fuori, ma noi ....
4 Voi preferite la trattoria, ma mio padre
....
5 Enzo preferisce il jazz, ma Vanna e Mario
....

b Scegli *capire, preferire* o *finire*.

1 È una bimba intelligente, ... tutto a volo.
2 Scusi, a che ora .... lo spettacolo?
3 Noi .... alle 9, possiamo uscire subito dopo.
4 Voi .... il russo?
5 Gli studenti vanno in Italia volentieri perché .... la lingua.
6 Lei dove .... passare le vacanze?
7 I miei figli .... decisamente il mare.
8 Quest'anno gli esami .... l'8 giugno.

2 Scrivi i pronomi.

Pronomi: oggetto diretto		
	(m)	*(f)*
singolare	lo	la
plurale	li	le

*es. Che belle scarpe! **Le** compro.*

1 Che bel vestito! ...... prendo.
2 Che bella camicetta! ...... voglio!
3 Che bei guanti! ...... regaliamo a Bice.
4 Che begli occhiali! ...... vorrei provare.
5 Che belle cose! ...... vedi?

3 Completa con i pronomi personali.

Pronomi: oggetto indiretto	
gli:	a lui
le:	a lei

*es. **gli** parlo, **gli** scrivo (a Roberto)*
*   **le** parlo, **le** scrivo (a Nina)*

Paolo e Clelia si amano.
1 Lui *le* vuole molto bene, ... manda un'email tutti i giorni.
2 Lei ...... vuole bene ma non, ... telefona ogni sera.
3 Lui spesso ...... chiede se vuole fare un viaggio in India.
4 Ma lei ...... risponde sempre che preferisce andare al mare.
5 Quest'inverno, lui ...... ha regalato una vacanza sulla neve.
6 E lei ...... ha detto che non sa sciare!

VOCABOLARIO EXTRA

voler bene **a** qualcuno
telefonare **a** qualcuno
dire / dare qualcosa **a** qualcuno
chiedere qualcosa **a** qualcuno

B Desidera?

ATTIVITÀ

1 Riscostruisci il dialogo.

Commesso:
1 Quanti anni ha questo bambino?
2 Vediamo. Le piace questo?
3 Classico o moderno?
4 Buonasera. Desidera?
5 E quanto vuole spendere?
6 Da uomo o da donna?

Paolo:
a) Modernissimo e allegro per favore.
b) È per un bambino.
c) Beh, cinquanta, sessanta euro, non più.
d) Ah, che bei colori! Perfetto.
e) Otto anni.
f) Vorrei vedere un orologio.

2 Con le informazioni sotto, scrivi i due dialoghi.

a
Marta
sandali donna
tacco basso
pelle
beige/bianchi/
rossi
numero 38
fino a €50
le piacciono,
li compra

b
Renato
borsone sportivo
tela
blu/verde
circa €30
non gli piace,
non lo compra

es.
- *Buongiorno. Vorrei vedere delle scarpe sportive da donna.*
- *Bene. Come le vuole?*

Continua.

3 Quando qualcosa non va ...
Decidi come finisce ogni frase.

1 Vorrei cambiare questi pantaloni.
2 Questo vestito non mi sta bene.
3 Mi dispiace, questa non è la macchina per noi.
4 Questa radio è un disastro.
5 Scusi, i bicchieri nella scatola...

a) Sono rotti.
b) Non funziona.
c) Sono troppo lunghi.
d) È troppo cara.
e) È troppo stretto.

4 Ecco un sondaggio. Immagina che cosa hanno risposto Angela, Pietro e Diana e completa la scheda sotto. Prepara le domande e scrivi delle interviste.

Persona intervistata	Spese per vestiti: €	Ogni quanto	Vestiti sportivi/ eleganti	Taglia, colore preferito	Scarpe: numero, tipo	Ultima cosa comprata
Angela 44 anni avvocato		*una volta al mese*				
Pietro 28 anni vigile urbano					*numero 43 sportive*	
Diana 16 anni studentessa	*circa 100 euro al mese*					

■ Ora scrivi una di queste interviste.

GRAMMATICA

1 Questo e quello.

es. **Questa** borsa grigia non mi piace, vorrei **quella** nera.

singolare	plurale
questo, questa	questi, queste
quello, quella	quelli, quelle

Continua con
1 la tovaglia bianca
2 le candele gialle
3 i piatti azzurri
4 i bicchieri verdi
5 il tappeto cinese
6 la motocicletta rosa
7 le sedie moderne
8 il romanzo francese

2 Completa con la forma corretta dell'aggettivo.

singolare	plurale
quel, quello, quell'	quei, quegli
quella, quell'	quelle

es. Guarda **quegli** orecchini, sono davvero belli.

1 .... scarpe ti stanno alla perfezione.
2 Questo golf non mi piace, posso vedere .... giaccone?
3 Per mia madre mi piacerebbe .... sciarpa di seta.
4 Chissà quanto vengono .... guanti?
5 .... specchio antico è bellissimo.
6 Mi piace più di tutto .... anello d'argento.
7 Quando arrivano .... amici di Milano?

3 Completa con i pronomi le frasi su Maria Luisa, ragazza spendacciona.

lo	la	l'	li	le

1 Se ha soldi in tasca, ... spende.
2 Se ha la carta di credito, ... usa.
3 Se ha un assegno, ... firma.
4 Se vede delle scarpe carine, ... compra subito.
5 Se vuole un certo vestito, esce e ...... trova.
6 È una ragazza viziata, perché suo marito ...... accontenta sempre.

C Com'è vestito?

ATTIVITÀ

1 Che cosa porta la ragazza? Immagina i colori e descrivi.

2 Fai la lista di quello che porti di solito in queste occasioni. Usa gli aggettivi utili.

es. A casa o in giardino, scarpe comode ...

in vacanza al mare o in montagna	a casa o in giardino al weekend	a una festa in casa di amici	al lavoro o a scuola
....	....	....	....
....	....	....	....
....	....	....	....

Aggettivi utili

bello/a   caldo/a   sportivo/a
comodo/a   semplice   fresco/a
leggero/a   elegante   morbido/a
                               raffinato/a

• Scrivi un paragrafo sulle tue abitudini nel vestire.

es. D'estate in vacanza al mare io di solito porto ...

3 Alla sfilata di moda.

a Leggi e decidi quale modello è descritto in ogni articolo.

A
Ed ecco arrivare un nuovissimo e simpaticissimo modello per tutti i giorni. È un insieme sportivo perfetto per il relax, con pantaloni morbidi chiari e maglietta con maniche lunghe a disegni molto allegri. Le scarpe sono sportive e comode, anzi comodissime. Il nostro ragazzo porta anche un borsello intorno alla vita, molto comodo per tenerci le chiavi di casa.

B
L'altro successo della serata è un insieme estivo da uomo, con pantaloni beige molto comodi e morbidi e cintura di pelle. Il modello porta una camicia di cotone grigio chiaro con maniche lunghe e piccoli bottoni al collo, e una cravatta molto allegra.
Le scarpe sono di pelle morbida, perfette per il relax ma anche eleganti.

b   Ora copri il testo. Che cosa ricordi?
Completa la scheda.

	1	2
Tipo di modello		
Pantaloni		
Top		
Scarpe		
Accessori		

GRAMMATICA

1   Metti al plurale usando l'articolo
partitivo.

Articolo partitivo plurale	
(m)	**dei, degli**
(f)	**delle**
es.	**dei** modelli, **degli** acquisti
	delle cravatte

es. un vestito nuovo → **dei** *vestiti nuovi*

1 un maglione sportivo ....
2 un abito elegante ....
3 un cappotto invernale ....
4 una borsa estiva ....
5 una scarpa marrone ....
6 un orecchino moderno ....
7 una cravatta allegra ....
8 un calzino scozzese ....
9 una cintura fine ....

2   Tutto quello che Fiora ha comprato
oggi è bello. Comincia così:

Ha comprato **dei bei giocattoli** *per i
bambini...*

	singolare	plurale
(m)	**bel, bello, bell'**	**bei, begli**
(f)	**bella, bell'**	**belle**

- dei giocattoli per i bambini
- un pallone
- delle scarpe da tennis
- uno scialle per sua madre
- due libri
- un orologio per suo padre
- un mazzo di fiori per Carla
- una torta
- quattro candele dorate

3   Completa le frasi al plurale.

es. (una gonna lunga)
   Mi piace portare **gonne lunghe**.

Plurali di aggettivi e nomi in:			
-co	-ca	-go	-ga
bianco	bianca	bianchi	bianche
lungo	lunga	lunghi	lunghe
Attenzione: amico → amici			

1 (*una nuvola bianca*)
   Ci sono molte ....
2 (*un impermeabile lungo*)
   Gli impermeabili oggi sono.................
3 (*un vestito troppo largo*)
   Porta sempre vestiti ....
4 (*una giacca inglese*)
   Vanno di moda le ....
5 (*un biologo italiano*)
   Ho conosciuto dei ....
6 (*un'amica carissima*)
   In Italia ho delle ....
7 (*un gioco bellissimo*)
   Ho imparato dei ....

4 Scrivi la quantità corrispondente.

es. Ho visto quasi cento film italiani
→ **un centinaio** *di film*

Quantità indeterminate
NB: plurale irregolare

un paio	→ pa**ia**
un centinaio	→ centin**aia**
un migliaio	→ migli**aia**

1 Hanno invitato circa cento amici.
2 Ci sono solo due o tre persone nel bar.
3 Una Vespa usata costa più o meno 1000 euro.
4 Per le feste mandiamo più di 200 cartoline.
5 C'erano almeno 20.000 persone alla dimostrazione.

D Tanti auguri!

ATTIVITÀ

1 Una settimana frenetica. Fai sei frasi.

1	Stasera andiamo		teatro
2	Domani sera vieni tu		Teresa
3	Giovedì arriva lo zio	**da**	tempo libero
4	Sabato si va a cena	**a**	Michele
5	Domenica ho un po'	**di**	noi
6	Perché non andiamo tutti		mia madre che cucina così bene?

2 Trova la risposta adeguata alla situazione.

1 Sandro, che fai?
2 Ugo ha finito?
3 Quando hai deciso di partire?
4 Sono tutti qui?
5 Sei pronta?
6 Mi presti quel libro?

a) Mi dispiace, ma lo sto ancora leggendo.
b) Un attimo, mi sto mettendo il cappotto.
c) Non proprio, sta ancora mangiando.
d) Non lo so, ci sto ancora pensando.
e) Sì, eccoli, stanno arrivando.
f) Sto ascoltando il mio nuovo CD.

3 Guarda le figure e completa il messaggio per tuo fratello.

Ha telefonato Giorgio.
Gli dispiace molto ma stasera non può
.... perché ....
....
E poi ha un appuntamento con Valentina
....,
anzi forse sta già ....
Allora perché non ....?

GRAMMATICA

1 *Buono, bello* o *bravo*. Scegli.

1 un .... stipendio
2 una .... colazione
3 un .... linguista
4 una .... casa
5 un .... libro
6 una .... canzone
7 un .... film
8 una .... insegnante
9 un .... pianista
10 una .... cena
11 un .... ragazzo
12 un atleta molto ....

2 Completa le frasi.

anch'io	anche noi
anche tu	anche voi
anche lei/ lui	anche loro

Anche va sempre prima del pronome o del nome.

es. Giorgio arriva sempre presto.
Anch'io arrivo sempre presto.

1 Luigi insegna inglese.
Anche tu ....
2 Maria si alza alle sette.
Anche noi ....
3 Loro bevono spesso champagne.
Anche lui ....
4 Gianni va in bicicletta.
.... i suoi fratelli ....
5 Loro fanno i compiti sempre in fretta.
.... voi ....
6 Io faccio la spesa il sabato.
.... noi ....
7 Claudia va al lavoro in macchina.
.... io ....

3 Scegli *venire* o *tenere*.

Verbi irregolari: Presente di *venire*
vengo	veniamo
vieni	venite
viene	vengono

NB **tenere*** come **venire***

1 Mi chiedo quanto .... quella casa.
2 Le scarpe .... 58 euro e i guanti 22 euro.
3 La madre .... il bambino per mano.
4 .... anche voi al ristorante?
5 No, mi dispiace, noi non .... , è troppo tardi.
6 Stasera .... mio padre a cena.
7 Loro non .... la macchina in garage.
8 Dove .... le chiavi, Ugo?
9 Le .... sempre allo stesso posto, all'ingresso.
10 Gianfranco, ... al cinema con noi? Danno *Pinocchio*.
11 Buon' idea, ci .... volentieri. Forse .... anche Lia.
12 A Londra noi .... sempre un ombrello in macchina.

4 In questo momento ...

Presente progressivo
sto	stiamo	+ gerundio
stai	state	(**-ando, -endo**)
sta	stanno	

*es. Non posso uscire, **sto lavorando**.*

Trasforma le frasi come nell' esempio.
es. Che dici? → Che stai dicendo?

1 I ragazzi chiacchierano nel corridoio della scuola.
2 Cristina si lava le mani.
3 Fabio non c'è, gioca a tennis.
4 Non possiamo venire, finiamo di mangiare.
5 In questo momento telefono a Carlo.
6 Guardate ancora quel film?
7 No, cuciniamo.

1° È VERO PER TE?

Se non è vero, correggi con frasi complete.

- Spendi molto per il vestire.
- Ti piacciono i colori vivaci.
- Preferisci l'abbigliamento *casual*.
- Non porti mai tute sportive.
- Le tue scarpe preferite sono le scarpe da tennis.
- Non te ne importa niente della moda.
- Compri qualcosa di nuovo una volta al mese.
- Per fare spese vai nei grandi magazzini.
- Ogni due anni ti regali un capo *(item)* firmato.
- Ti piace fare regali, specialmente vestiti o accessori.

2 LEGGERE

Spese online
Leggi e sottolinea il vocabolario Internet.

L'autunno e la primavera sono i momenti ideali per rinnovare il guardaroba. Con il cambio di stagione è bello pensare a rinnovare anche il proprio *look*. Si può fare lo shopping senza uscire di casa, semplicemente navigando tra i siti dove è possibile fare acquisti online. Ci saranno offerte speciali e occasioni d'oro per voi. Online tutto costa meno! Scegliete gli articoli che vi interessano, tenete pronta la carta di credito e cliccate. Elettrodomestici, CD o libri, accessori, maglie o tute sportive: noi siamo al vostro servizio, in tutta sicurezza.

- **Tu compri qualcosa online? Che cosa? Perché? Scrivi un paragrafo.**

3 CULTURA

I nostri vecchi jeans non esistono più?

"I jeans interpretano il nostro stile di vita ", dice Tom Ford, direttore creativo di Gucci e Yves Saint Laurent." Se si porta una giacca elegante o un maglione costoso sopra un paio di jeans, tutto diventa molto meno impegnativo."

Siamo d'accordo con Ford: oggi stiamo assistendo a una piccola rivoluzione. I jeans tradizionali non si usano più, cominciando dal modello classico stile Levi. Sono cambiate le forme dei jeans, i trattamenti ("stone wash" per esempio) e anche i modelli. Così oggi possiamo comprare jeans larghissimi o attillati, strettissimi o svasati, o anche trattati per sembrare vecchi.

Trova nell'articolo gli aggettivi che significano:
1. artistico
2. raffinata
3. caro
4. importante
5. non molto grande
6. che fanno parte della tradizione
7. originale, che non cambia
8. molto larghi
9. attaccati al corpo
10. molto stretti
11. più larghi in fondo

ORA SAI _____

- ✓ Descrivere come sono vestite le persone
- ✓ Scegliere il negozio giusto per le spese
- ✓ Comprare articoli di abbigliamento
- ✓ Indicare il materiale e il colore
- ✓ Fare complimenti
- ✓ Spiegare cosa stai facendo

dopo le feste

A	Cosa hai fatto di bello?
B	Un viaggio
C	Il weekend
D	Personaggi

A Cosa hai fatto di bello?

ATTIVITÀ

1 **Cos'hanno fatto di interessante durante le feste?**
es. Bibi è andata a Londra.

Guarda le figure e continua.

Bibi	Noi	Carlo	Valerio	Sandro e Nina	Antonia	io

2 **Ricostruisci le domande.**
es. di fatto cos' bello hai ?
Cos'hai fatto di bello?

1 interessante cos' letto hai di ?
2 Diego ha per cos' buono di cena fatto ?
3 di è nuovo cosa c' ?
4 è buono di mangiare c' da qualcosa ?
5 divertente di quel cosa in film c'è ?
6 cosa questa vero in c'è di storia

3 **Leggi e metti al presente.**

A febbraio *sono andato* in montagna. *Ho sciato* per ore ogni giorno. Ogni sera *sono andato* in discoteca con gli amici e *ho ballato* tantissimo. Al weekend *abbiamo cenato* in un ristorante locale molto buono. Domenica *abbiamo dormito* tutti fino a tardi.

Comincia così:
Di solito a febbraio vado in montagna.

4 Completa con *ho* o *sono* e segna (✓) le cose che hai fatto ieri e oggi.
Aggiungi dove, quando e con chi.
es. *Oggi **ho** bevuto un caffè al bar alle 8 con Marisa.*

ho ... / sono ...	Ieri	Oggi
1 ...... bevuto un caffè		
2 ...... mangiato un uovo		
3 ...... uscito presto		
4 ...... pranzato fuori casa		
5 ...... visto un bel film		
6 ...... scritto un'email		
7 ...... preso l'autobus		
8 ...... usato l'Internet		
9 ...... andato al centro		
10 ...... ritornato a casa tardi		

GRAMMATICA

Passato Prossimo:
Ausiliare + Participio Passato

es. ***sono** andato a Roma e **ho comprato** una borsa.*

Participio passato: –ARE → –ato
–ERE → –uto
–IRE → –ito

NB. essere: con verbi di moto o cambiamento e riflessivi
avere: con verbi che possono avere un oggetto

1 Completa con l'ausiliare *avere* e *essere*.

a - Carla, dove ...... comprato questa bella borsa?
- ...... comprato questa borsa a Roma, questa estate.
- Quanto ...... pagato?
- ...... pagato 50 euro.

b - Dove ...... andati in vacanza questa estate tu e Lorenzo?
- ...... andati in Sardegna.
- Quanto tempo ...... rimasti?
- ...... rimasti 10 giorni.
- Vi ...... divertiti?
- Sì, ci ...... divertiti moltissimo.

2 Sottolinea (*underline*) i verbi al passato prossimo e scrivi l'infinito con l'ausiliare tra parentesi.
es. ***ho preso** = prendere (avere)*

Cortina, 20 dicembre
Vacanza inaspettata! Quando ci vediamo vorrai sapere dove ho preso tanto sole, dove sono andata, quanto tempo ci sono rimasta, con chi sono partita, chi ho incontrato, cosa ho fatto e quanto ho speso.
Ti conosco! E io ti racconterò assolutamente tutto.
Per ora un abbraccio
Maria Luisa

3 Cosa hanno fatto Luigi e Sonia? Fai frasi.
es. *Ieri sera **sono** andati al cinema.*

1	Ieri sera		andato/a ...
2	Oggi		arrivato/a ...
3	Questa mattina	**hanno**	mangiato ...
4	Due settimane fa	**sono**	passato ...
5	L'estate scorsa		telefonato a ...
6	Per Capodanno		parlato con ...
7	Domenica scorsa		comprato ...
8			stato/a a ...
9			visto/a ...

B Un viaggio

ATTIVITÀ

1 **Guarda le figure e continua come nell'esempio, usando il vocabolario sotto.**

es. Prima di sciare, hanno fatto una bella colazione.

Vocabolario

fare colazione
mangiare un panino
dormire un'ora
fare la sauna
cambiarsi

sciare
tornare in albergo
pattinare sul ghiaccio
cenare con amici
ballare fino a tardi

2 **Un viaggio a Genova. Metti i verbi che mancano al passato prossimo.**

fare (fatto)	bere (bevuto)	arrivare	comprare
mangiare	essere (stato)	andare	viaggiare
girare	guardare	passare	riposarsi
prendere (preso)			

Carissima Sonia,

Per il mio compleanno Pietro mi
(1) .... un bellissimo regalo, una piccola vacanza di un giorno a Genova.
(2) .... in treno e (3) .... la mattina prestissimo. Per prima cosa
(4) .... al famoso Bar 'Falstaff' che piaceva tanto a Giuseppe Verdi, dove
(5) .... il caffè e (6) .... un cornetto.

Da lì (7) .... al vecchio porto e (8) .... una bella passeggiata lungo il mare. Per pranzo (9) .... una buonissima specialità genovese, la pasta con il pesto, in un vecchio ristorante del porto. Il pomeriggio (10) .... per le strade del centro, dove (11) .... i negozi (molto belli) e (12) .... regali per tutti.

(13) .... anche un'ora nel famoso Bar degli Specchi, dove (14) .... un tè al limone e ci (15) ....

(16) .... una cena semplice e poi (17) .... alla stazione, (18) .... il treno e (19) .... a casa tardissimo. (20) .... una giornata fantastica.

Mi piacerebbe tornare a Genova – perché non ci andiamo insieme questa estate?

Per il momento un forte abbraccio.

Nadia

3 Sei a Cambridge da tre gioni per una vacanza-studio.
Scrivi una lettera a casa raccontando che cosa hai fatto ieri.

Verbi utili:

fare, andare, pranzare, giocare a, andare a cavallo, prendere, uscire, incontrare, divertirsi, ritornare, cenare, addormentarsi

---

VACANZE STUDIO A CAMBRIDGE

■ La vacanza-studio ideale per chi vuole imparare l'inglese e conoscere l'Inghilterra.
■ Soggiorno minimo: due settimane.
■ Una volta alla settimana, gite guidate a Oxford o a Londra.

Giornata tipo nel college

8-9	colazione nella Hall del College
10-12	lezione di lingua inglese
12-13	conversazione con insegnanti di madre lingua
13-14	pranzo alla mensa studentesca
14-16	attività sportive a scelta (tennis, cavallo, palestra)
16	tè e biscotti nella Hall
17-19	tempo libero (supermercati e biblioteca a 200 m.)
19,30-20,30	cena nella sala da pranzo del college
20,30-22,30	tempo libero (pub e disco a due passi)
22,30	il College chiude, gli studenti ritornano in camera

GRAMMATICA

1 Scrivi le domande.

Con **essere** il participio passato si accorda sempre.

*es. Rita **è** andat**a** a Venezia.*
*Mario **è** andat**o** a Roma.*
*Rita e Mario si **sono** sposat**i** ieri.*

---

1 ....?
Sono andata a fare la spesa.

2 ....?
Siamo arrivati alle 11.

3 ....?
Marina e Valerio si sono sposati 3 mesi fa.

4 ....?
Giorgio è partito alle sei questa mattina.

5 ....?
Sono rimasta a Trieste due giorni.

6 ....?
No, siamo andati in aereo.

7 ....?
Sono nata a Terni.

8 ....?
Mi sono svegliata tardissimo.

9 ....?
Si sono fermati solo 5 minuti.

10 ....?
Sì, l'aereo è arrivato con 30 minuti di ritardo.

2 È domenica e Lucia scrive tutto quello che ha fatto durante la settimana.
es. LUNEDÌ: Alle 10 sono andata dal parrucchiere.

LUNEDÌ	GIOVEDÌ
10,00 andare dal parrucchiere	pomeriggio: supermercato comprare frutta per tutta la settimana
7,30 lezione d'italiano (fare compiti!!)	
MARTEDÌ	**VENERDÌ**
9,00 in pizzeria con Luigi (telefonare / prenotare per due)	pagare bolletta telefono
MERCOLEDÌ	**SABATO**
chiamare dottore (febbre alta) riordinare le carte finire i compiti	giocare a tennis con Natasha 3,00 mostra Picasso con Natasha
	DOMENICA
	dormire fino all'una

C Il weekend

ATTIVITÀ

1 **Segna (✓) quali di queste cose sono ti successe al weekend.**

a) ti sei tagliato/a i capelli
ti sei tagliato/a le unghie

b) sabato ti sei addormentato/a tardi
domenica ti sei alzato/a tardissimo

c) ti sei vestito/a casual
ti sei vestito/a elegante

d) ti sei dimenticato/a di andare dal dentista
ti sei ricordato/a di comprare un regalo

e) ti sei innamorato/a
ti sei lasciato/a con la tua ragazza/il tuo ragazzo

f) ti sei annoiato/a a morte

g) ti sei divertito/a un sacco

Scrivi queste frasi in prima persona.
   es. Domenica mi sono alzato tardi.

2 **Nell'email di John ci sono 7 errori sull'uso di *sapere* e *conoscere*. Correggi.**

> **sapere**: una cosa, un fatto
> **saper fare qc**: sapere come si fa qualcosa
> **conoscere**: una persona, una città

Tutti *sanno* Venezia ma pochi *conoscono* che se si esce da piazza San Marco e si cammina per cinque minuti, si arriva in strade e piazzette che nessuno *conosce*, dove non si vede un solo turista. La gente del quartiere lo *conosce* e continua la sua vita di tutti i giorni. Ci siamo stati oggi ed è stata una bellissima sorpresa.

Noi *sappiamo* un ristorantino vicino alla pineta dove si mangia bene e a buon prezzo, ma dopo cena non *conosciamo* proprio cosa fare. Voi *sapete* se ci sono concerti o musei aperti fino a tardi? George, che di solito *conosce* tutto, questa volta non *sa* proprio niente: non ha amici qui, non *sa* nessuno a Venezia. Telefonateci e facciamo qualcosa insieme.

3 **Attrezzatura da sci.**

a **Vuoi comprarti un paio di scarponi ultima moda. Completa il dialogo.**

Tu: Buongiorno. Vorrei …………
Commesso: Bene. Come li vuole? Di che colore?
Tu: Bè, li vorrei …………
C: Che numero?
Tu: …………
C: Vediamo – Ecco, questi sono molto belli. Sono nuovi, appena arrivati.
Tu: …………?
C: Certo, si accomodi.
Tu: Ahi, …………!
C: Allora provi il 39. Vanno bene?
Tu: Sì, …………!
C: Comodi e fortissimi, durano anni.
Tu: …………?
C: 200 euro, signora.
Tu: Hmm …………!! Ma …………
C: Bene. Si accomodi alla cassa.

b **Ora scrivi un dialogo per comprare un bel maglione di lana.**

GRAMMATICA

1 Riflessivi al passato.

> **Passato prossimo. Verbi riflessivi**
>
> **mi ti si ci vi si**
> **+ essere + part. passato**
>
> es. **mi sono** alzato
> **si è** addormentata
>
> I riflessivi vogliono sempre l'ausiliare **essere**.
> Il part. passato si accorda col soggetto.

a Completa con il pronome e l'ausiliare.
> es. *Quando **ti sei** svegliata stamattina?*

1 Carlo e Anita .... incontrati a una festa.
2 Mio nonno .... sposato nel 1950.
3 Ditemi, ... divertiti davvero?
4 I bambini non .... stancati per niente, per fortuna.
5 Tua sorella .... già alzata?
6 Io e Paolo .... preparati in cinque minuti.

b Completa con il riflessivo al passato prossimo: il verbo è lo stesso.
> es. *Di solito mi alzo alle 7, ma oggi **mi sono alzata** alle 9.*

1 Di solito ti vesti bene, ma oggi .... male!
2 In genere Pino si prepara per gli esami, ma questa volta non .... per niente.
3 Marina e Sandro si sposano a Roma, ma noi .... a Londra.
4 In genere voi non vi divertite alle feste, ma stasera .... molto, vero?
5 Di solito mi lavo con l'acqua calda, ma oggi fa caldo e .... con l'acqua fredda.
6 Noi non ci stanchiamo facilmente, ma ieri .... tanto.

2 Scegli tra *sapere* e *conoscere*.

> **Presente di *sapere*** *
>
> so   sappiamo
> sai   sapete
> sa   sanno
>
> es. **Sai** che ore sono? **Sai** guidare?
>   (ma : **Conosci** Amalfi?)

1 Scusi, ... l'ora?
2 Vanna è uscita, non .... quando torna.
3 .... la mia amica Anita?
4 Ci siamo .... in America.
5 Sono cose che tutti ....
6 .... da dove ti telefono? Indovina.
7 Noi .... Venezia e .... dove andare.
8 Allora .... un buon ristorante qui vicino?
9 Elio è molto generoso, lo .... bene, ma non .... se può darti la macchina domani.

3 Leggi la routine del sabato di Giacomo e racconta che cosa ha fatto sabato scorso (17 cose).
> es. *Sabato scorso Giacomo **ha dormito** come al solito fino alle dieci, poi **si è fatto** una doccia…*

Di solito il sabato dormo fino alle dieci, poi mi faccio una bella doccia, mi vesto e esco. Vado al supermercato e faccio la spesa per tutta la settimana. Porto a casa la spesa e esco di nuovo. Incontro un amico e andiamo insieme a fare altre spese – scarpe, Cd, libri eccetera. Nel pomeriggio torno a casa: faccio varie telefonate per organizzare la serata e ascolto un po' di musica. In genere la sera di sabato incontro gli amici al bar in piazza, beviamo qualcosa e chiacchieriamo. Qualche volta andiamo al cinema o in discoteca, e qualche volta vengono tutti a casa mia perché io suono bene la chitarra e facciamo un po' di musica.

D Personaggi

ATTIVITÀ

1 **Leggi le piccole biografie e prepara 6 domande su ogni personaggio.**

es. Come si chiama?
Quando …?

a   Uno scienziato.

nome	Riccardo Giacconi
data di nascita	1931, Genova, Italia
studi	Astrofisica, Università di Milano
fine anni 50	Va a vivere negli Stati Uniti progetta un telescopio spaziale per i raggi X
1962	Scopre, con altri, la prima sorgente di raggi X fuori del sistema solare
1970	Lancia un satellite a raggi X
1978	Realizza l' Osservatorio Einstein
1999	Manda in orbita l'osservatorio spaziale Chandra
ottobre 2002	Vince il Premio Nobel per la fisica insieme a un americano e un giapponese

Con le informazioni sopra, scrivi una piccola biografia di Riccardo Giacconi.

Comincia così:

Riccardo Giacconi è uno scienziato italiano. È nato a Genova nel 1931.

b   Uno sportivo.

nome	Massimiliano Rosolino
professione	nuotatore
nato a	Napoli,1978
dati fisici	altezza: m 1,92
1992	Diventa socio della Società Canottieri di Napoli
1996	Partecipa ai Campionati Europei di nuoto (medaglia di bronzo)
1997–99	Vince medaglia d'argento nei 200 metri stile libero ai Campionati Europei
2000	Vince l'oro nei campionati di Helsinki e alle Olimpiadi di Sidney (200 m.SL)
futuro	Gli piacerebbe fare l'attore

Con le informazioni sopra, scrivi una mini biografia di Massimiliano Rosolino.

Comincia così:

Massimiliano Rosolino è un giovane sportivo italiano. È …

2 **Leggi e rispondi.**

Alberto Sordi

Alberto Sordi è nato a Roma il 15 giugno 1920. Suo padre era musicista e sua madre insegnante. Sordi recitava già da bambino. Aveva anche una bella voce e ha cantato nel coro della Cappella Sistina. A diciassette anni è diventato il doppiatore di Oliver Hardy, la voce italiana di *Ollio*. Negli anni '40 ha cominciato a lavorare alla radio. Il suo primo grande successo nel cinema è stato nel '53 con il film *I Vitelloni*, diretto da Fellini.

Sordi non si è mai sposato. Alla fine della sua vita è diventato regista e ha diretto i suoi film. È morto a Roma il 25 febbraio 2003. Alberto Sordi è stato l'attore comico più popolare del dopoguerra in Italia e forse il più amato.

1 Chi è Alberto Sordi? Di dov'è?
2 Che lavoro facevano i suoi genitori?
3 Quale grande comico ha doppiato (*dubbed*)?
4 Ha lavorato prima nel cinema o alla radio?
5 Chi è il regista de *I vitelloni*?
6 Chi ha diretto i suoi film negli ultimi anni?

GRAMMATICA

1 **Quanto tempo fa?**
es. *L'ultima eclisse solare è stata nel 1999, pochi anni* **fa**.

> un'ora, due mesi, molti anni + **fa**
>
> es. *È partito un anno fa.*

1 La guerra è finita nel 1945, ...
2 Shakespeare è nato nel 1564, ...
3 La principessa Diana è morta nel 1997, ...
4 Le Olimpiadi di Sidney sono state nell'anno 2000, ...
5 Il mio compleanno è stato ....
6 Il mio viaggio più bello è stato ....

2 **Ecco dei participi passati irregolari. Trova l'infinito tra i verbi sotto.**
es. *fatto* → **fare**

fatto	scoperto	riso	risposto	dipinto
detto	aperto	preso	visto	aggiunto
scritto	offerto		rimasto	vinto
letto	morto			

SCOPRIRE AGGIUNGERE SCRIVERE RIDERE PRENDERE
MORIRE DIPINGERE OFFRIRE DIRE RIMANERE APRIRE
FARE RISPONDERE VEDERE VINCERE LEGGERE

3 **Indica l'ora in modo approssimativo.**
es. *Sono le cinque meno un quarto =
Sono* **quasi** *le cinque.*

> circa, quasi, verso + tempo/ora
>
> es. **circa** due ore è **quasi** mezzanotte
> **verso** le sei

1 Ci vediamo un po' prima o un po' dopo le sei.
....

2 Il treno ha fatto più o meno 10 minuti di ritardo.
....

3 L'appuntamento è all'una, ma non all'una in punto.
....

4 Ci vogliono quaranta o cinquanta minuti per arrivare al lavoro.
....

5 Ti telefono nel pomeriggio, intorno alle quattro.
....

6 È tardi, sono le due meno dieci!
....

1 È VERO PER TE?

Se non è vero, correggi con frasi complete.

- Non sei mai stato/a a Londra.
- Il tuo ultimo viaggio all'estero è stato cinque anni fa.
- L'ultimo Capodanno lo hai passato al Polo Nord.
- Per le feste l'anno scorso hai speso pochissimo.
- A gennaio sei andato/a a sciare sulle Dolomiti.
- Sabato scorso hai conosciuto gente nuova.
- Ti sei innamorato/a.
- Sei andato/a in banca tre volte.
- Hai prenotato un viaggio esotico per due.

2 LEGGERE E SCRIVERE

FATTI DI CRONACA
Che è successo?
Riscrivi le notizie al passato prossimo.

LA NONNA DEL QUARTIERE LASCIA UNA FORTUNA
Anziana signora di facoltosa famiglia lascia in eredità cinquemila euro ognuna a circa venti famiglie del quartiere. Ma una ragazza malata di cuore riceve cinquecentomila euro.

RAPINA AL RISTORANTE
Ladro armato visita il ristorante 'Sapore di Mare' in Via Roma alle 9 di sera e deruba dieci clienti di soldi e gioielli. Manager chiama la polizia ma il ladro fugge. Carabinieri arrestano persona sospetta nelle vicinanze.

FORSE UNA ZANZARA
Sistemi di allarme antifurto entrano in azione nel cuore della notte forse per il passaggio di un gatto, un uccello o anche una zanzara – e continuano a suonare per ore. Gli abitanti della zona telefonano ai carabinieri per sapere che cosa succede.

RAGAZZO VINCE MEZZO MILIONE DI EURO
Ragazzo di ventisei anni nel nostro paese partecipa a un concorso estivo e vince mezzo milione di euro. Renzo, che fa l'autista, dice che vuole mettere i soldi da parte per sposarsi al più presto con Sabrina.

3 CULTURA

VIAGGI ALL'ESTERO: I GIOVANI
Per quanto riguarda i viaggi all'estero dei giovani, le mete più gettonate in estate sono la Spagna e la Grecia. Pochi cercano i viaggi molto avventurosi, la maggior parte cerca posti con bel mare e molto divertimento. Naturalmente i ragazzi cercano di viaggiare risparmiando, e quindi tendono a evitare l'albergo, o affittando un monolocale per un intero gruppo di amici o optando per il campeggio.

Sono ben pochi i ragazzi oltre vent'anni che scelgono di fare le vacanze con la famiglia: magari passano qualche giorno con i genitori giusto per farli contenti, ma appena possono scappano!

Trova nell'articolo l'equivalente di...

1 fuori del proprio paese
2 il punto dove si vuole arrivare (*fpl*)
3 desiderate (*fpl*)
4 la maggioranza
5 senza spendere troppo
6 pagando per abitare
7 casa di una sola camera
8 scegliendo
9 probabilmente
10 felici

ORA SAI

✓ Dire che cosa hai fatto ieri o al weekend
✓ Dire come hai passato le vacanze
✓ Usare verbi riflessivi al passato
✓ Raccontare un viaggio che hai fatto
✓ Dire cosa sai e non sai fare
✓ Comprare attrezzature da sci
✓ Parlare della vita di altri

he facciamo di bello?

A	Guardiamo la TV
B	Che danno al cinema?
C	Andiamo al ristorante
D	Ascoltiamo la radio

A Guardiamo la TV

ATTIVITÀ

1 Segna (✓) i programmi che hai guardato e scrivi 4 frasi.

	domenica scorsa	durante la settimana	ieri sera
sport			
film di cowboy			
attualità			
commedia			
cartoni animati			
soap opera			
quiz			
Grande Fratello			
telegiornale			
interviste politiche			
film romantico			
telefilm			

Scrivi un paragrafo sulle tue abitudini televisive:
- Quante ore al giorno guardi la TV
- Le cose che guardi sempre
- Le cose che guardi di solito
- Le cose che guardi di rado
- Le cose che non guardi mai
- I tuoi programmi preferiti

2 Fai frasi vere.

guardo il telegiornale		voglio divertirmi
accendo la TV		mi annoio
spengo la TV		voglio informarmi
guardo a quiz	**quando**	non ho niente da fare
guardo i programmi	**perché**	ho sonno
storici	**se**	non c'è niente di
guardo un vecchio film		interessante
guardo un		voglio sapere cosa
documentario		succede
		mi voglio rilassare
		voglio imparare
		qualcosa

3 Il cinema o la televisione?

Franco: Io francamente preferisco il cinema, perché si esce di casa e si può andare con gli amici. Con la TV invece si sta in casa.

Mina: Non sono d'accordo. Si possono invitare gli amici a guardare la televisione con te, si può bere un bicchiere di vino e chiacchierare. Al cinema non si può fare.

F: Ma il cinema è diverso. C'è il buio, c'è il silenzio, c'è un'atmosfera speciale che ti permette di entrare nella storia. Questo mi piace molto.

M: Anche con la TV si può guardare un bel film ma senza uscire, che è comodo specialmente se il tempo è brutto.
F: Mah, secondo me la televisione è un passatempo per i pigri.
M: Secondo me invece, la televisione ti porta il mondo in casa, la televisione informa.
F: D'accordo. Ma vedere un bel film al cinema è come leggere un bel libro, è una cosa speciale.

Leggi la conversazione e scrivi vantaggi e svantaggi come nell'esempio.

	vantaggi	svantaggi
la TV	si guarda anche con amici	si sta a casa
il cinema		

GRAMMATICA

1 Aggiungi il verbo *piacere* al passato prossimo con il pronome.

> es. – **Ti sono piaciuti** *i fiori che ti ho regalato per il tuo compleanno?*

Passato prossimo di *piacere*
mi ti gli/le   ci vi gli
+ **essere** + part. passato

es.   Ti **è** piaciuto il film?
      Vi **sono** piaciuti gli attori?

1 Ieri sera ho visto un film di Visconti che .... moltissimo.
2 .... la commedia su Canale Cinque?
3 Ho dato un libro giallo a Sergio, ma non ....
4 Siamo andati al ristorante "La Ruota" ieri e .... moltissimo.

5 .... i libri che avete comprato?
6 Mario e Angela sono andati a un concerto ma non ....
7 In genere ci piace andare al mare, ma quest'anno il mare era sporco e non .... per niente.
8 Ho cucinato gli spaghetti al pesto per Carlo e .... moltissimo.

2 Aggiungi l'articolo e metti al plurale.

> es. **il** programma televisivo →
> **i** programmi televisivi

Attenzione.
Molti nomi in **-ma** sono maschili. Il plurale è **-i.**
es. **il** sistema > **i** sistemi

1 .... sistema economico
2 .... dramma romantico
3 .... schema complesso
4 .... problema difficile
5 .... enigma poliziesco
6 .... dilemma angoscioso
7 .... clima umido

3 Scrivi gli ausiliari che mancano.

1 Ieri sera .... visto un programma veramente interessante. (*io*)
2 La RAI .... trasmesso in diretta i campionati del mondo di calcio.
3 Non .... visto l'ultimo film di Scorzese? (*voi*)
4 .... acceso la radio ma il programma era già finito. (*noi*)
5 La settimana scorsa .... fatto vedere tre documentari sugli animali. (*loro*)
6 Ambra e Marco si .... divertiti guardando il programma dei bambini.
7 Antonio .... andato al Festival del Cinema due volte.

B Che danno al cinema?

ATTIVITÀ

1 **Trova il film adatto per ogni persona.**

a Stasera sono un po' triste, mi voglio divertire.

b Vado matto per le storie romantiche, mi piace piangere.

c Io ho bisogno di azione, movimento!

d I film di suspense non mi stancano mai.

e I miei film preferiti si svolgono nel futuro virtuale.

f Oggi i film per ragazzi piacciono anche agli adulti, per fortuna.

****	da non perdere
***	da vedere
**	passabile
*	mediocre

OGGI A ROMA

Otto donne e un mistero (Francois Ozon)
con Catherine Deneuve e Fanny Ardant
Cinema QUATTRO FONTANE
      16,00   18,10   20,20   22,30   **€6,70**
film giallo**

Sognando Beckham (Gurinder Chadha)
con Parminder Nagra
Cinema ADMIRAL
      16   18,10   20,20   22,30   **€7,25**
commedia**

Harry Potter e la camera dei segreti
(Chris Columbus)
con Ken Branagh, Jason Isaacs
Cinema BARBERINI (Sala 5)
      16,00 – 19,00 – 22,00   **€7,50**
fantastico****

La morte può attendere (Lee Tamahori)
con Pierce Brosnan, Halle Berry
Cinema NOMENTANO
      16,00   18,40   20,50   **€7**
thriller***

Minority report (Steven Spielberg)
con Tom Cruise, Samantha Morton
Cinema SMERALDO   7
      16,30   18,30   20,30   22,30   **€7**
fantascienza****

Un viaggio chiamato amore
(Michele Placido)
con Laura Morante, Stefano Accorsi
Cinema GIARDINO
      16   18,10   20,20   22,30   **€5,80**
sentimentale**

Italiano per principianti (Lone Sherfig)
con Anders Berthelsen, Annette Stovebak
Cinema ANIENE
      16,30   18,50   20,40   22,30   **€4,50**
commedia***

2 Andiamo al cinema.

VOCABOLARIO EXTRA

Buon'idea!	Mah, non so
D'accordo	Mi dispiace ma…
Perfetto	Non ho voglia di…

a Scrivi la parte di Carla.

Paola: Vuoi venire al cinema con me
stasera?

Carla: Che ………………?

Paola: *Pinocchio*, di Benigni.

Carla: Hmm………………

Paola: Ma a me non piace la televisione,
lo sai!

Carla: Allora, perché non ……………?

Paola: Una pizza? Buon'idea. Andiamo.

b Scrivi la parte di Enrico.

Enrico: ………………?

Gianluca: Che film danno?

Enrico: ………………

Gianluca: Buon' idea! Ho proprio voglia di
vederlo. A che ora comincia?

Enrico: ………………

Gianluca: Per me è meglio lo spettacolo delle
10, prima non posso. Va bene per
te?

Enrico: ………………

Gianluca: Perfetto. Allora ci vediamo davanti
al cinema.

Enrico: ………………?

Gianluca: Facciamo un po' prima, alle dieci
meno venti. Ciao.

3 Guarda attività 1. Hai visto due di questi film. Racconta come nell'esempio.

es.

Ieri sera abbiamo visto un bel film,
Italiano per principianti*, al cinema
Aniene. Siamo andati allo spettacolo delle
20,40.
Il biglietto costa 4 euro e 50.
È un film comico molto divertente. Non è
un film italiano, la regista è Lone Sherfig,
danese. Secondo me è un film da vedere, gli
attori sono bravi.*

GRAMMATICA

1 Scrivi la preposizione giusta.

a	in	al

1 L'estate scorsa siamo andati …… montagna
vicino …… Bolzano. Quest'inverno vorrei
tanto andare …… sciare lì. È un posto
bellissimo e ben attrezzato. La sera si va
…… piscina …… fare una nuotata o ……
discoteca …… ballare.

2 - Venite con noi …… teatro?
• No, preferiamo vedere qualcosa ……
televisione.
- Cosa c'è …… TV stasera?
• C'è un film di prima visione, che danno
anche …… cinema Fiamma, …… centro.

3 Ieri sera siamo stati …… mangiare fuori.
Siamo usciti per andare …… ristorante ma
siamo finiti …… pizzeria. Ci siamo molto
divertiti.

2 **Trova le domande con *dovere* e *potere*.**

es. *Devi uscire stasera?*
    Sì, devo vedere Francesco alle 8.

dovere		potere	
devo	dobbiamo	posso	possiamo
devi	dovete	puoi	potete
deve	devono	può	possono

1 (*tu*) ....?
Devo essere in ufficio alle 4.
2 (*voi*) ....?
No, dobbiamo partire domani.
3 Scusi, ...?
Per la banca, deve prendere la prima a destra.
4 (*io*) ....?
Mi dispiace, qui non puoi fumare.
5 (*tu*) .... per favore?
Certo, eccolo – Taxi!
6 (*Nino*) .... anche lui?
Sì, deve assolutamente venire!
7 (*voi*) .... restare un altro po'?
No, non possiamo, è l'una.

C Andiamo al ristorante

ATTIVITÀ

1 **Rimetti in ordine il dialogo in trattoria.**

- Un bel gelato e un caffè per favore.
- Mi dispiace, ma oggi non c'è pesce. C'è bistecca alla griglia e salsicce.
- C'è pesce?
- Dunque.... per primo, prosciutto e melone.
- Da bere?
- Sì, perfetto.
- No, non mi piace la carne ...
- E per secondo?
- Buonasera. Desidera?
- Allora abbiamo un'ottima parmigiana di melanzane.
- Una birra Peroni, grazie.
- E per dolce?

2 **Scrivi un menu vegetariano scegliendo i piatti giusti.**

torta gelata

spaghetti aglio e olio

zucchine ripiene

agnello arrosto

pollo al limone

insalata verde

parmigiana di melanzane

lasagne ai funghi

pizza margherita

frutta mista

peperoni col riso

fagiolini

cotolette alla milanese

3 Ieri sera tu e Lisa siete andati alla Taverna dell'Orso. Guarda il conto e racconta cosa avete mangiato. Puoi cominciare così:

Siamo arrivati tardi.
Abbiamo ordinato …

Taverna dell'Orso		
Via dell'Orso 92, Ravenna		
2	primi piatti	€12
2	pesce alla griglia	€16
2	contorni	€5
1	torta gelata	€2,50
1	frutta di stagione	€1,80
1	acqua minerale	€1,50
½	bottiglia Chianti	€4
1	espresso	€1
1	caffè macchiato	€1,10
	TOTALE	€48,90

GRAMMATICA

1 Completa il menu con le preposizioni.

a + articolo		
	singolare	*plurale*
(m)	al, all', allo	ai, agli
(f)	alla, all'	alle

PRIMI	spaghetti ……… sugo
	pasta ……… vongole
	risotto ……… milanese
SECONDI	pollo ……… spiedo
	pesce ……. griglia
	agnello ……… forno
CONTORNI	zucchini ……… olio
	spinaci ………burro
	pizza ………funghi
DOLCI	gelato ………fragola
	torta ……… cioccolato

2 Rimetti l'articolo partitivo.

di + articolo		
	singolare	*plurale*
(m)	del, dell', dello	dei, degli
(f)	della, dell'	delle

• Buonasera. Desidera?
- Buonasera. C'è ……… melone fresco?
• Certo, signora. Abbiamo anche ……… buon prosciutto di montagna.
- Ottimo. Prendo questo.
• E per primo?
- No, grazie, niente primo. Vorrei invece ……… insalata e ……… pesce alla griglia, se c'è.
• Sì, c'è un'ottima spigola alla griglia. Altro?
- ……… patatine fritte, per favore – mezza porzione.
• Bene. Dolce, frutta?
- ……… frutta fresca, e ……… acqua minerale frizzante, grazie.
• Benissimo.

3 Trasforma le frasi come nell'esempio.

*es. Il cameriere porta **il dolce al cliente.** →*
***Glielo** porta.*

	singolare	*plurale*
(m)	glielo	glieli
(f)	gliela	gliele

1 Il postino dà <u>le lettere a Antonio.</u>
…………

2 La cassiera dà <u>il resto a mio padre.</u>
…………

3 Mia madre chiede <u>il conto al cameriere.</u>
…………

4 Il commesso dà <u>la frutta alla signora.</u>
…………

5 Angela manda <u>i fiori alla nonna.</u>
………………

6 Mario chiede <u>informazioni a Ugo.</u>
………………

D Ascoltiamo la radio

ATTIVITÀ

1 La radio. In ogni riga, cancella (**✗**) il vocabolo che non c'entra.

accendere	spegnere	guardare	abbassare
ascoltare	onde medie	trasmissione	nazione
traduzione	volume	canzoni	musica
concerto	telegiornale	programma	intervista

2 Radiotre.

6,00	**Mattino Tre**. Storie, musiche e racconti (prima parte)
6,45	**TG3**. Giornale Radio
7,15	**Radiotre Mondo**. Cosa dice la stampa internazionale.
7,30	**Prima Pagina**. I giornali del mattino letti e commentati
8,45	**TG3**. Giornale Radio
9,00	**Mattino Tre** (seconda parte)
11,00	**I concerti di Radio Tre**. Opere di Mozart e Rossini dal Teatro Orfeo di Taranto
11,45	**Speciale dalla Mostra del Cinema di Venezia**
12,00	**Viaggio in Italia**. Un programma turistico.
13,30	**TG3**. Giornale Radio

1 A che ora iniziano le trasmissioni?
2 Quanto dura il concerto della mattina?
3 Come si chiama il programma che parla dei giornali italiani?
4 Su quale famoso evento veneziano è il programma di mezzogiorno meno un quarto? Quanto dura?
5 Quanti notiziari ci sono?
6 Come si chiama la rassegna della stampa internazionale?
7 Ci sono programmi per bambini?

GRAMMATICA

1 Fai frasi.

> **qualcosa di** + aggettivo
> es. Ho visto qualcosa di bello

Ho sentito		nuovo
Cerco sempre	**qualcosa di**	molto facile
Lei ha fatto		bello
Si può fare		interessante
Mi hai detto		straordinario

2 Fai gli avverbi con questi aggettivi e mettili al posto giusto nel racconto.

lento   dolce   deciso   improvviso
finale   normale

> **Avverbi**
>
> certo > certa > certa**mente**
> triste >   triste**mente**
> *ma*
> normale > normal**mente**
> regolare > regolar**mente**

La musica suona .... Lo champagne è .... squisito. Ora comincio .... a rilassarmi. Ma .... suona il telefono. Chi sarà? .... non sono in casa a quest'ora. Vado .... a rispondere.

3 Nomi irregolari. Trova l'aggettivo giusto per ogni parola e metti al plurale.

> **Plurale invariabile:**
>
> **radio, crisi, eclissi, ipotesi.**
> (**ma**: la mano > le mani)

1. la radio	solare
2. la crisi	digitale
3. l'alibi (*m*)	assurda
4. l'eclissi (*f*)	sinistro/a
5. la mano	perfetto/a
6. l'ipotesi (*f*)	economico/a

1 È VERO SECONDO TE?

Sei d'accordo? Se non sei d'accordo, scrivi una breve frase.

es. Senza televisione, non siamo informati.
Non sono d'accordo: possiamo leggere i giornali.

- Senza televisione non siamo informati.
- I bambini passano troppe ore davanti alla TV.
- Con la televisione, i bambini imparano a parlare prima.
- C'è troppa violenza in televisione.
- I programmi per bambini sono noiosi.
- La televisione è una perdita di tempo.
- La televisione abitua alla passività.
- La pubblicità televisiva è una forma d'arte.
- C'è troppa pubblicità in televisione.
- Per guardare la televisione, leggiamo meno libri.

2 CULTURA

Miracolo DVD

Arrivano in video-cassetta e dvd i due film fenomeno della stagione: *Harry Potter* e *Il signore degli anelli*. Il primo si può già trovare a ottobre: nella versione dvd ci sono, a parte il film, una serie di giochi e collegamenti a siti Internet. Anche *Il signore degli anelli* in versione dvd offre vari extra: ci sono videogiochi e anche il prossimo capitolo della saga, intitolato *Le due Torri*. Ma la novità più attesa dai bambini è nel campo dell'animazione. Si tratta di *Monsters & Co*, straordinario capolavoro in digitale prodotto dalla Disney, pieno di mostri divertentissimi. Qui, per una volta tanto, sono i bambini a fare paura ai mostri, e uno di loro, l'irresistibile Sully, si affeziona perdutamente alla piccola Boo, la bimba capitata per caso nella Fabbrica dell'Urlo.

a Sottolinea il vocabolario dei media.

b Rispondi alle domande:

1. Quante versioni ci sono di ogni film?
2. Bisogna andare al cinema o si possono comprare?
3. Con quale dvd ci si può collegare a Internet?
4. Quale dvd offre videogiochi extra?
5. Chi sono i protagonisti di *Monsters & Co*?
6. Con quale tecnica è realizzato il film?
7. Chi è Sully?

ORA SAI

- ✓ parlare delle tue abitudini televisive
- ✓ paragonare cinema e TV
- ✓ spiegare che cosa hai visto al cinema
- ✓ usare nomi irregolari
- ✓ fare, accettare e rifiutare inviti
- ✓ fare le ordinazioni in un ristorante
- ✓ raccontare una cena fuori
- ✓ esprimere opinioni

s a n i e b e l l i

A	Tenersi in forma
B	Lei fa sport?
C	Non mi sento bene
D	Benessere e salute

A Tenersi in forma

ATTIVITÀ

1 La ginnastica. Senza dizionario, completa le istruzioni.

1 Ruotate ....
2 Piegate ....
3 Fate ....
4 Cercate di toccare ....
5 Prendete ....
6 Spingete ....
7 Stringete ....
8 Divaricate ....
9 Ripetete ....

2 Rispondi usando il verbo *sapere* (v. Unit 9 C).

1 Sai cucinare?
   Sì, so cucinare.
2 Sapete andare a cavallo?
   No, ...
3 Tuo fratello sa pattinare?
4 Chi sa giocare a tennis?
5 I tuoi amici sanno sciare?
6 Sai suonare il piano tu?
7 Carlo e Ugo sanno il russo?

3 Leggi la descrizione del metodo Pilates e finisci le frasi.

Un corpo stabile e tonico. Questo è lo scopo del metodo Pilates, ideato da Joseph Pilates, un autodidatta tedesco trapiantato in USA circa 50 anni fa.
"Alla base del metodo Pilates c'è l'armonia. Gli sforzi non sono mai eccessivi e per questo il metodo è adatto a tutte le età", dice Linda Foster che lo pratica. Si può stare supini, in ginocchio o in piedi a seconda dell'esercizio che si fa.
"I movimenti guidati permetto di muovere il corpo in maniera simmetrica, di distendere i muscoli del bacino e nello stesso tempo tonificare i muscoli che sostengono la spina dorsale", conclude Foster.
(Espresso, 31 ott.2002)

1 Joseph Pilates era ....
2 È andato a vivere in America ....
3 L'armonia è ....
4 Non ci sono ....
5 Il metodo va bene ....
6 Si può stare in piedi, ...
7 Il corpo si muove ....
8 I muscoli più usati sono quelli ....
   ....
9 Linda Foster è ....

GRAMMATICA

1 Dai questi avvertimenti *(warnings)* a un gruppo di turisti. Usa il *voi*.

Imperativo regolare			
	-ARE	**-ERE**	**-IRE**
(tu)	-a	-i	-i
(voi)	-ate	-ete	-ite

RALLENTARE

ATTRAVERSARE SULLE STRISCE

FARE LA FILA PER I BIGLIETTI

GIRARE A DESTRA

IN CASO DI EMERGENZA CHIAMARE IL 113

PAGARE ALLA CASSA

PASSARE SOLO CON IL VERDE

2 La ricetta più semplice per il sugo. Riscrivila per tua sorella passando dal *voi* al *tu*.

es. *Prendete una pentola non grande.*
Prendi ...

1 Mettete due cucchiai abbondanti di olio.
2 Pelate e aggiungete due spicchi d'aglio.
3 Soffriggete leggermente.
4 Quando l'aglio è dorato, aggiungete una scatola di pelati.
5 Aggiungete basilico fresco.
6 Cuocete a fuoco allegro per 10 minuti.
7 Ecco fatto! Condite la pasta.

3 Per ogni problema (a–f) trova il consiglio giusto (1–6). Metti il verbo all' imperativo (*tu* o *voi*).

es. *Dobbiamo essere all'aeroporto alle 3.*
→ **Fate** *presto.*

Imperativi irregolari*		
	tu	**voi**
fare	fai	fate
andare	vai	andate
uscire	esci	uscite
bere	bevi	bevete

a) Non so cucinare e ho invitato amici a cena	1 *fare* una passeggiata *andare* a ballare
b) Abbiamo una gran sete	2 *uscire, fare* qualcosa di nuovo
c) Sto ingrassando!	3 *fare* l'attore!
d) Ci annoiamo chiusi in casa tutto il giorno	4 *bere* qualcosa
e) Abbiamo bisogno di esercizio fisico	5 *andare* in trattoria
f) Sono timido e vorrei fare l'attore	6 *dimenticare* i mezzi i trasporto, *andare* da piedi

B Lei fa sport?

ATTIVITÀ

1 Che sport è? Scrivi la lettera vicino al numero.

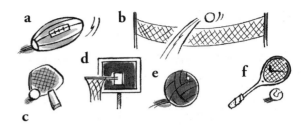

1 ☐
I giocatori devono mandare la palla dall'altra parte del campo senza mai toccare la rete. Ci sono due o quattro giocatori. Usano una racchetta, non le mani.

2 ☐
Ci sono due squadre. I giocatori devono mandare la palla dall'altra parte della rete usando solo le mani. Per fare un punto la palla deve toccare terra dall'altra parte della rete senza essere toccata dagli avversari.

3 ☐
Ci sono due o quattro giocatori che mandano una piccola palla da una parte all'altra del campo, non con le mani ma con una piccola racchetta. Il campo è un tavolo e la pallina è bianca.

4 ☐
Ci sono due squadre di quindici giocatori ognuna. Possono toccare e lanciare la palla con le mani. Per fare un punto devono mettere la palla per terra. La palla è ovale.

5 ☐
Ci sono in tutto dieci giocatori. Non c'è una rete tra le due squadre. Per fare un punto si deve mandare la palla dentro un canestro dall'altra parte del campo. I giocatori devono essere alti.

6 ☐
Ci sono in tutto ventidue giocatori. I giocatori devono mandare la palla nella rete dall'altra parte del campo. Un solo giocatore può toccare la palla.

RUGBY – PALLAVOLO – PING-PONG
PALLACANESTRO – CALCIO – TENNIS

Scrivi altre due descrizioni di sport per il quiz.

VOCABOLARIO EXTRA

giocatore	mettere
calciatore	fare un punto
tennista	segnare un goal
atleta	lanciare
il canestro	mandare
la squadra	

2 Completa con i verbi adatti la lettera di Ilaria.

Il mio sport preferito è sciare ma io .... diversi sport.
Per esempio, ... palestra una volta alla settimana per tenermi in forma, ... dappertutto in bicicletta, ... jogging con un' amica ogni mattina e .... a ping-pong a ogni opportunità. A scuola poi c'è la pallanuoto, che mi .... molto: io .... nuotare bene e sono capitana della squadra.
Mi .... anche gli sport più competitivi come la vela, che però .... solo d'estate – e mi .... un mondo.

3 **Cosa fai per tenerti in forma?**

a **Scrivi le attività nella colonna giusta e fai frasi.**

es. Gioco spesso a football, perché mi piace molto.

qualche volta	di rado	spesso	sempre	non ...mai
				football

b **Scrivi le attività sportive che ti piace fare nelle diverse stagioni: d'inverno – in primavera – d'estate – d'autunno.**

GRAMMATICA

1 **Trasforma le frasi come nell'esempio.**

es. Di solito vado in palestra a piedi. →
*Oggi, **sono andato** in macchina.*

Passato prossimo di *fare** e *andare**

Ho fatto ginnastica
Sono andato/a in piscina

---

1 La sera di solito guardo la TV.
Ieri sera invece ....
2 D'inverno di solito andiamo a sciare.
Quest'inverno invece ....
3 Noi andiamo in piscina sabato.
Questa settimana però ....
4 I ragazzi vanno al mare presto.
Ma stamattina ....
5 Ida e Tom in genere fanno molto sport.
Quest'anno non ....
6 Diana fa ginnastica da anni.
Non è vero. Diana non .... mai
....

2 **Scegli l'aggettivo adatto e fai paragoni tra due cose per volta.**
Puoi usare gli aggettivi più di una volta.

*es. La TV è **più** divertente **della** radio.*

Comparativi

più / meno ... **+ di/ del / dell' / della dei / degli / delle**

*es.   Il vino è **più** buono **della** birra.*
*I gatti sono **più** indipendenti **dei** cani.*

---

a.	b.	c.	d.
aerobica	casa	paracadutismo	treno
giardinaggio	grattacielo	sci	aereo
e.	f.	g.	h.
giornali	mele	TV	concerti
romanzi	prugne	radio	film

dolce   faticoso/a
veloce
comodo/a
alto/a   emozionante
informativo/a
buono/a
interessante   noioso/a
divertente
pericoloso/a   difficile
rilassante

3 **Perché non ...? Trova il consiglio giusto.**

es. Sono molto stanco. Perché non ti riposi?

1 Ho sonno   a) Perché non bevi qualcosa?
2 Ho fame   b) Perché non ti metti un golf ?
3 Ho freddo   c) Perché non vai a dormire?
4 Ho caldo   d) Perché non mangi un panino?
5 Ho sete   e) Perché non apri la finestra?

C Non mi sento bene

ATTIVITÀ

1 All'ambulatorio medico.
Completa il poster con le parti del corpo, senza dizionario.

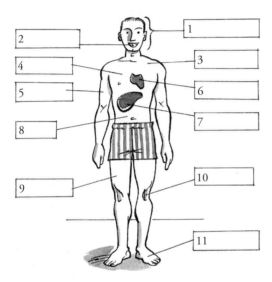

2 Dal medico.

a Ricostruisci il dialogo.

Medico
- Ha altri sintomi?
- Buongiorno signora. Come va?
- Sì, metta queste gocce due volte al giorno.
- Allora è un po' di mal d'orecchio.
- Ha febbre?
- Da quanto tempo ha questi sintomi?

Signora
- No, niente febbre.
- Non molto bene. Ho un terribile mal di testa.
- Mi può dare qualcosa?
- Da tre giorni.
- Mi fa male l'orecchio destro.

b Leggi le informazioni sul computer del medico e scrivi i dialoghi con i pazienti.

Maurizio Senesi, 50 anni
sintomi: raffreddore, febbre, tosse
  NB niente mal di gola
da quanto tempo: una settimana
diagnosi: influenza
cura: 2 aspirine 3 volte /giorno
+ tè caldo con limone

Maria Teresa Berti, 5 anni
sintomi: febbre alta, mal di gola
  NB niente tosse
da quanto tempo: tre giorni
diagnosi: tonsillite
cura: antibiotico, 4 volte/giorno

3 Scrivi domande e risposte per questi oggetti.
Puoi usare il dizionario se vuoi.

*es. A che **serve** il termometro?*
*Serve **per prendere** la temperatura.*

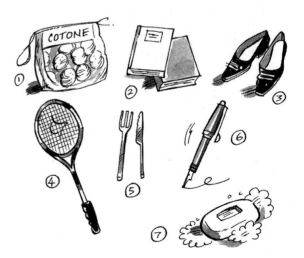

GRAMMATICA

1   **Nel dialogo mancano i pronomi. Rimettili.**

Pronomi personali	
Riflessivi:	**mi ti si ci vi si**
Indiretti:	**gli** (a lui) **le** (a lei)

Una settimana bianca un po' disastrosa:

Ugo: Come ...... senti oggi, Carla?

Carla: Io ...... sento molto meglio, ma Franco non ...... sente bene.

U: Come mai?

C: ...... fa male un dente.

U: Poverino. ora ...... telefono.

C: E voi come ...... sentite?

U: Noi ...... sentiamo meglio ma Lia sta ancora male.

C: Che cos'ha?

U: ...... fa male la gamba.

C: ...... è fatta male sciando?

U: Sì, è caduta e ...... è fatta abbastanza male.

2   **Scegli la struttura adatta alla frase.**

> **ho mal di** testa
> **mi fa male** la testa
> **mi fanno male** i denti

es. Se avete mal di testa, prendete un'aspirina!

1   Se vi .... lo stomaco, mangiate meno!

2   Se ti .... i denti, vai dal dentista!

3   Se .... di gola, prendi questa sciarpa.

4   Se le .... l'orecchio, prenda l'antibiotico!

5   Se gli .... i piedi, non deve camminare troppo.

6   Se ci .... la testa, non dobbiamo bere vino.

7   Se le .... la gamba, Rosa deve stare a casa.

8   Quando .... testa, prendo un'aspirina.

3   **Scegli *serve* o *servono* e aggiungi i verbi dove necessario.**

*es. Mi **serve** il computer **per finire** il lavoro.*

> ***servire***
>
> mi **serve** una penna = ho bisogno di una penna
> mi **servono** due euro = ho bisogno di 2 euro
> NB. stessa struttura di ***piacere***

1   Mi .... la macchina per .... da Franco.

2   Mi .... una pentola per ....

3   Vi .... un po' di pane fresco?

4   Mi .... la sveglia per .... alle 7.

5   Ci .... altri quattro bicchieri.

D Benessere

ATTIVITÀ

1 **Sport estremi. Niente paura!**
Leggi con il dizionario.

SPECIALE GIOVANISSIMI
Vai pazzo per l'avventura? Divertirsi all'aria aperta è importante per te? Ami la natura? Per i giovanissimi dagli 11 ai 16 anni, l'approccio è giocoso e graduale, con escursioni, giochi in piscina e tornei. Una settimana estremamente formativa, ricca di esperienze indimenticabili e di sano divertimento.
Chiedi informazioni.

SALTO CON L'ELASTICO
Lanciarsi nel vuoto è superare se stessi. C'è solo un elastico che ti tiene attaccato alla realtà. Sei in cima, intorno a te nessun rumore, non c'è più niente e nessuno. Adesso sai che ce la farai. Distendi le braccia e apri le ali come un uccello. Vola! Un volo leggero ed elegante come quello di un'aquila. L'adrenalina sale a mille. L'elastico ti porta con sé nei suoi rimbalzi esorbitanti. Ce l'hai fatta!!!
Chiedi informazioni.

WEEKEND ESTREMO
L'abbiamo capito: tu sei quello che non ha paura neanche del diavolo! E accettiamo la sfida: ti offriamo due giorni di avventura estrema acqua-terra-aria : volare sulle rapide, saltare nel vuoto con il Bungee hydrospeed, saltare nel vuoto con il Bungee jumping e molto altro.Vietato fermarsi!
Chiedi informazioni.

a **Copri il testo. Ricordi le espressioni con l'infinito?**

1 ....all'aria aperta.
2 ....nel vuoto.
3 ....se stessi.
4 ....sulle rapide.
5 ....nel vuoto.
6 Vietato ....!

L'infinito

nuotare fa bene
sciare è emozionante
saltare nel vuoto fa paura

L'infinito si usa come sostantivo (*noun*) per indicare un'attività.

---

b **Ricostruisci le frasi.**
es. hai – se – paura – meglio – fermarsi – anche – è – non →
Anche se hai paura, è meglio non fermarsi.

1 con – lanciarsi – richiede – paracadute – il – coraggio
2 contatto – giovani – piace – natura – la – divertirsi – ai – a – con
3 come – è – volare – con – l'elastico – saltare
4 dello – sport – è – la – obiettivo – paura – estremo – l' – superare
5 nel – blu – volare – di – oh oh! – dipinto – cantare – blu – oh oh oh oh!

c **Dai le istruzioni con il *tu.***
es. chiedere informazioni →
***chiedi** informazioni*

1 volare ....
2 aprire le ali ....
3 distendere le braccia ....
4 saltare ....
5 amare la natura ....

fame caldo freddo
sonno   paura

d   Metti la parola giusta.

1 Chi ha .... del lupo cattivo?
2 D'estate in Italia abbiamo sempre troppo
   ....
3 Se avete tanta .... andate al
   ristorante.
4 D'inverno in montagna ho veramente
   ....
5 Dopo l'esercizio fisico abbiamo sempre
   ....

2   Parchi nazionali

Gli italiani amano sempre di più andare nei parchi nazionali per essere nel verde e a contatto con la natura L'anno scorso milioni di persone hanno preferito questo tipo di vacanza.

Ma come ci si diverte nei parchi? Si possono fare non solo passeggiate di varie lunghezze, ma ci sono anche moltissime altre attività. Per esempio nel parco del Frignano vicino a Modena, mettono un collare a un cervo con una radiotrasmittente e gruppi di turisti seguono a distanza il cervo per vedere come passa la giornata.

Nel parco di San Martino vicino a Trento si organizzano escursioni, concerti di musica classica all'aperto e corsi con maestri profumieri. Nel parco dei monti Sibillini nelle Marche si organizzano lunghe passeggiate a piedi e a cavallo, si fa raccolta di funghi e si fanno anche corsi sulla cucina tradizionale.

a   Vero/Falso

1 Nel parco di San Martino si può ascoltare la musica classica.
2 Il parco di San Martino è vicino a Modena.
3 Nel parco dei Sibillini si impara a cucinare in modo tradizionale.
4 Nel parco del Frignano mettono collane ai cervi.
5 Gli italiani vanno nei parchi nazionali per prendere il sole.
6 Nel parco del Frignano si raccolgono funghi.

b   Trova nel testo le parole che significano ...

1 passato
2 una passeggiata lunga e difficile
3 come si faceva una volta

1 È VERO PER TE?

Se non è vero, correggi con una frase intera.

- Secondo te nel tuo quartiere ci vogliono più attrezzature sportive.
- Sai sciare, nuotare e giocare a ping-pong .
- Ti alzi presto ogni mattina e vai a correre nel parco.
- Al weekend ti dedichi al giardinaggio.
- Non prendi mai raffreddori o influenze.
- Sei stato in ospedale due volte in tutta la tua vita.
- Ti piace andare dal medico.
- Il tuo medico di famiglia è una donna.
- Una volta ti sei rotto una gamba facendo sport.
- Secondo te il fumo deve essere proibito in tutti i luoghi pubblici.

2 LEGGERE E SCRIVERE

Gli italiani e l'alimentazione nel 2000

Almeno un italiano su quattro segue una dieta per mantenere o migliorare la propria salute. Da diversi anni ormai in Italia si mangia di meno. Gli italiani sono convinti che una dieta ricca di grassi è dannosa alla salute e sicuramente anche la crisi della mucca pazza ha contribuito a far cambiare le abitudini a tavola. Questo è evidente dal fatto che il consumo della carne rossa è diminuito, mentre il consumo del pesce e dei prodotti biologici è in aumento. Si fa sempre più uso di olio d'oliva, si beve più birra e meno vino. Come primo piatto, è ancora la pasta il piatto preferito dai giovani. Una cosa interessante nel campo dello sport è che oggi i calciatori, prima di una partita, invece della tradizionale bistecca mangiano un bel piatto di pasta.

I bambini invece fanno una dieta poco sana, perché mangiano troppe *merendine* (prodotti già confezionati) e poca frutta e verdura. Per colazione, per esempio, non mangiano più pane e marmellata come una volta, ma *merendine* e biscotti. Mangiano anche un enorme quantità di patatine fritte, ricchissime di grassi.

biologico/a = organico/a

- **Cosa preferiscono mangiare gli italiani del duemila?**
- **Perché la dieta dei bambini non è sana come una volta?**
- **Scrivi un menu italiano sano e leggero.**

3 CULTURA

Il calcio

Il calcio in Italia è lo sport nazionale per eccellenza e praticamente tutti hanno la cosiddetta 'squadra del cuore'. In genere sono i ragazzi a fare il tifo per la squadra del cuore, ma oggi ci sono tantissime ragazze molto tifose che vanno allo stadio a vedere le partite. Esistono anche squadre femminili che giocano nel loro campionato. Le squadre tradizionali più famose sono Juventus, Roma, Lazio, Milan e Inter, ma ce ne sono diverse altre. Il Chievo, per esempio, è una squadra di Verona che è diventata famosissima in questi ultimi tempi perché è una squadra nuova, con pochi soldi, e che fino a due anni fa era in serie B, ma che fin dal primo anno in serie A ha battuto tutte le maggiori squadre, finendo il campionato al quinto posto. Una cosa mai vista!

- **Sottolinea** (*underline*) **nell'articolo le parole del calcio. Ce ne sono dieci.**
- **Rispondi**
  Cosa c'è di nuovo tra i giovani tifosi?
  Perché è tanto famoso il Chievo?

ORA SAI

- ✓ Parlare di sport e attività fisiche
- ✓ Dare istruzioni con il tu e con il voi
- ✓ Fare paragoni
- ✓ Usare pronomi personali indiretti
- ✓ Spiegare problemi di salute
- ✓ Dare consigli

m u o v e r s i

A	In aereo
B	In treno
C	In macchina
D	Che tempo fa?

A In aereo

ATTIVITÀ

1 **Studia la pianta dell'aeroporto e rispondi alle domande del turista.**

es. *Scusi, dov'è l'ufficio informazioni?*
È proprio qui a destra, di fronte alla biglietteria dei treni.

AEROPORTO MANZONI

1 Ufficio informazioni
2 Cassetta postale
3 Autonoleggi
4 Ritiro bagagli
4a Biglietteria treni
5 Accettazioni – check-in
6 Tolette

7 Cambio
8 Pronto soccorso
9 Sala partenze
10 Imbarco
11 Bar-ristorante panoramico
12 Negozi – duty free

1 Scusi, dov'è il ritiro bagagli?
2 C'è la Posta qui in aeroporto?
3 Dove posso cambiare dei soldi?
4 Per favore, dove si comprano i biglietti del treno?
5 Cerco un ristorante ma non lo vedo.
6 Vorrei noleggiare una macchina.
7 Mi sa dire dov'è il Bar?
8 Per favore, dove sono le uscite per le partenze?

9 Ci sono dei negozi in aeroporto?
10 Mi scusi tanto, i gabinetti dove sono?

2 **Leggi le correzioni sulla tabella degli orari e scrivi gli annunci variando le cause come nell'esempio.**

es. *'Attenzione. Il volo Easyjet da Londra delle 8,52 viaggia con trenta minuti di ritardo **a causa del** maltempo.'*

mal tempo   sciopero   guasto   coincidenza
problema tecnico   traffico aereo

	arrivo previsto	correzione
Alitalia	7,39	7,45
Easyjet	8,52	9,22
BA	10	10,15
Ryanair	11,25	11,55
Air France	11,47	12,15

3 **Imprevisti di viaggio. Il racconto è al passato. Rimetti gli ausiliari che mancano.**

Dopo una bella vacanza in montagna nel Veneto, (1)........... deciso di ripartire da Milano dove abbiamo degli amici. Il nostro volo era alle 8 di sera. (2)........... arrivati a Malpensa alle 5 di pomeriggio. (3)........... fatto il check in, (4)........... passato il controllo passaporti e (5)........... entrati nella zona del duty free per comprare dei regali.
   Qui (6)........... sentito il primo annuncio di ritardo del nostro volo: quasi un'ora! Tuttavia la prima ora (7)........... passata presto: abbiamo fatto qualche spesa e i bambini si (8)........... divertiti. Ma un'ora dopo c' (9)........... stato un altro annuncio: altre due ore! E poi un altro ancora. Cinque ore in tutto. Immagina, con due bambini piccoli. La compagnia aerea (10)........... offerto consumazioni gratis al bar a tutti i passeggeri, ma ai bambini il cibo del bar non (11)........... piaciuto molto e non (12)........... mangiato. Per fortuna si (13)........... addormentati in braccio a noi. Alla fine (14)........... partiti, ma all'una di notte. (15)........... arrivati a Londra alle tre e mezza, e a casa alle cinque e mezza di mattina – quasi l'ora giusta per alzarci ...

GRAMMATICA

1 **Scegli *che* o *cui*.**

Pronomi relativi	
che	soggetto, oggetto diretto
cui	dopo una preposizione
es.	*il lavoro* **che** *fai*
	il motivo **per cui** *ti telefono*
NB. **che** non si può mai omettere.	

1 Posso vedere il giornale ...... hai comprato?
2 Quello ...... dici è interessante.
3 L'aereo su ...... viaggiamo è un Boeing.
4 L'uomo ...... sta prendendo i bagagli è mio fratello.
5 Non so il motivo per ...... c'è tanto ritardo.
6 Hai sentito l'annuncio ...... ha fatto la KLM?
7 È un aeroporto in ...... non sono mai stata.

2 **Trova quattro errori e correggi.**

   es. Si deve ritirare i biglietti. →
   Si devono ritirare i biglietti.
1 Oggi si viaggia molto in aereo.
2 Con alcune compagnie, si spendono poco.
3 Si sa che a qualcuno non piace viaggiare in aereo.
4 Si possono comprare un regalo all'aeroporto.
5 Si può fare i biglietti sull'Internet.
6 Se si vuole trovare le offerte del mese, basta cliccare.

3 **Ripassa l'articolo determinativo.**

1 ...... offerta speciale
2 ...... vacanze invernali
3 ...... telefonino cellulare
4 ...... unico sito in italiano
5 ...... giorno prima
6 ...... mese dopo
7 ...... soldi che ci vogliono
8 ...... programma interessante

B In treno

ATTIVITÀ

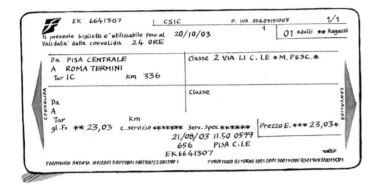

1 Guarda il biglietto e rispondi.

1 Qual'è la data della partenza? ....
2 A che ora parte il treno? ....
3 Quanto costa il biglietto? ....
4 Da che città e da che stazione parte il treno? ....
5 È un biglietto di prima classe? ....
6 Qual'è la destinazione? ....

2 Alla stazione di Ancona. Scrivi un dialogo tra un turista e il bigliettaio.

Turista:	Bigliettaio:
– Bologna?	Ancona: 17,07 – Bologna: 18,03
×2, ⇄	×2, ⇄
binario?	binario 11

Comincia così:

Turista Buongiorno.
Bigliettaio Buongiorno, dica.
Turista Vorrei sapere a che ora è il prossimo treno per ...

3 Un viaggio piuttosto complicato.

PARTENZA			ARRIVO	
RIETI:	14,50	→	15,29	TERNI
TERNI:	16,28	→	18,45	ANCONA
ANCONA:	19,07	→	21,03	BOLOGNA

a   Vero o falso?

1 Per andare da Rieti a Bologna non si deve cambiare treno.
2 A Terni si deve aspettare circa un'ora
3 Il treno arriva a Ancona alle sei e tre quarti di mattina.
4 Il treno parte da Ancona alle diciannove precise.
5 Il viaggio dura più o meno sei ore.
6 Si deve cambiare una volta sola.
7 Il treno arriva a Bologna la mattina presto.

b   Scrivi a un amico e racconta questo viaggio complicato fatto durante le tue vacanze in agosto. Usa il passato prossimo di questi verbi.

essere	andare	dovere	cambiare
stancarsi	annoiarsi	addormentarsi	svegliarsi
prendere	arrivare	ripartire	aspettare

GRAMMATICA

1 Aggiungi le preposizioni che mancano.

1 Vorrei due biglietti …… andata e ritorno.
2 Il treno …… 11 per Roma partirà …… 15 minuti …… ritardo.
3 Il direttissimo …… Firenze …… 9,45 partirà …… binario 4 e non …… binario 8.
4 Il treno proveniente …… Venezia e diretto …… Roma Termini è …… arrivo …… binario 12.
5 Scusi, …… che binario parte il treno …… 10,30 …… Palermo?
6 Il rapido …… Chiusi parte …… 9,37 e arriva …… 14,30.
7 Il treno locale …… Terni partirà …… 15 minuti …… ritardo.

2 Scrivi le domande usando il verbo _dovere_.

dovere*	
devo	dobbiamo
devi	dovete
deve	devono

1 (_Lei_)………………………………?
Devo essere a Milano per le 5,45.
2 ………………………………………?
Dobbiamo arrivare in tempo per il treno delle 14,05.
3 ………………………………………?
Marta e Franco devono essere alla stazione alle 6,30.
4 ………………………………………?
Deve andare al binario 5.
5 ………………………………………?
Dobbiamo partire fra cinque minuti.
6 (_Tu_)………………………………?
Devo arrivare a Genova prima delle 10.

C In macchina

ATTIVITÀ

1 A che serve la macchina?

La macchina mi serve per …

- andare al lavoro ☐
- andare a lezione di italiano ☐
- portare i figli a scuola ☐
- fare la spesa della settimana ☐
- fare spese in centro ☐
- andare al parco ☐
- uscire la sera ☐
- fare un weekend in campagna ☐
- andare in Italia ☐
- fare un lungo viaggio all'estero ☐

2 Occasioni. Leggi gli annunci delle macchine usate a pagina 100 e trova la macchina giusta (a–g) per queste persone (1–7).

1 **Luciano F.**, collezionista, appassionato di macchine italiane classiche, ama rimetterle a nuovo e tenerle in garage.
2 **Gianna P.**, giovane signora con due figli, vuole una macchina veramente nuova e moderna ma senza spendere troppo.
3 **Filippo N.**, negoziante con famiglia, vuole una macchina sicura e capace , con porta posteriore per trasportare anche prodotti commerciali.
4 **Daniela S.**, studentessa universitaria, cerca la sua prima macchina.
5 **Giovanni M.**, avvocato benestante di mezza età, in una macchina cerca stile e sicurezza.
6 **Stefano F.**, giovane uomo d'affari, tipo sportivo, viaggia molto, gli piace guidare ma vuole accessori perfetti.
7 **Mina D.**, giornalista televisiva con ottimo stipendio, preferisce una vecchia macchina sportiva a qualsiasi macchina nuova.

TUTTOMERCATO

a

Occasione! Vendo FIAT UNO 1995, bianca, economica, ottime condizioni dentro e fuori, solo € 500. Telefonare ore pasti 0832–54 60 86.

b

Vendo Golf GTD, 5 porte, molto spaziosa, tetto apribile, grigia, anno 1997, ottime condizioni generali, da provare! € 2800 trattabili. Tel. 0831–23 66 81 ore ufficio.

c

Privato vende ALFA ROMEO 156 ultimo tipo, blu, veloce, vetri elettrici, chiusure centralizzate, aria condizionata, accessori ultramoderni, prezzo eccezionale 7000 euro. Telefonare 0833–78 09 05.

d

Affare!Vendesi LANCIA FULVIA Coupé in ottime condizioni, un solo proprietario, macchina classica, prezzo da concordare. Tel. 0836–33 21 78 sera.

e

Lancia DEDRA anno 2000 color argento, motore turbo diesel, solo 30.000 chilometri, grande stile, solida e sicura, gomme nuove, vendo € 15.600. Telefonare weekend 0832–51 41 22.

f

Privato vende nuovissima RENAULT CLIO, vetri elettrici, sistema antifurto, autoradio. Colore azzurro mare. Costa € 11.000 , vendo € 8000 non trattabili. Tel. 0835–99 78 24, lasciare messaggio segreteria.

g

FERRARI spider modello 1988, rossa, sportiva, perfette condizioni, vendo 50.000 euro, telefonare ore pasti 0836–56 88 90.

3 Dove vanno questi automobilisti? Leggi e segui le indicazioni sulla cartina. Scrivi il punto di arrivo di ognuno.

a Da Venezia: prenda l'autostrada della Serenissima (l'A4) e prosegua per 106 chilometri. Al casello di Peschiera esca e prenda la SS249, la strada costiera. Vada verso Nord per una ventina di chilometri sempre seguendo il lago ed è il secondo paese.

b Da Modena : prenda la A22 in direzione Nord. Vada avanti per 88 chilometri. Quando arriva al casello di Verona Nord, giri a sinistra e prenda l'autostrada Venezia Milano. Dopo due chilometri si arriva al casello di Sommacampagna. Lasci l'autostrada, attraversi la strada Verona-Castelnuovo e continui per la via Cristoforo Colombo per un paio di chilometri.

VOCABOLARIO EXTRA

al casello/all'uscita
fino a …
per un paio/una decina/una ventina di km

c **Scrivi le indicazioni per andare da Pastrengo a Sommacampagna.**

GRAMMATICA

1 **Rimetti il verbo *volere* in ogni frase, seguito da uno di questi verbi:**

rimanere   smettere   trovare   comprare
spendere   andare   uscire

> **volere*** + infinito
>
> voglio   vogliamo
> vuoi   volete
> vuole   vogliono
> *es. Che vuoi fare? Voglio uscire.*

*es. L'automobilista **vuole fare** il pieno.*

1 Lo sai che Lisa .... un altro lavoro?
2 I suoi genitori .... una nuova casa.
3 Da oggi .... di fumare.
4 Noi non .... troppo per le vacanze.
5 Angela, ... con me stasera?
6 E voi, dove .... ?
7 Sua figlia .... a Roma.

2 **Completa con il passato prossimo di questi verbi irregolari.**

> **Altri verbi irregolari ***
> accorgersi   →   accortc/a
> chiedere   →   chiesto
> rivolgersi   →   rivolto/a
> perdere   →   perso

Marta oggi non è potuta entrare in casa perché .... la chiave. .... di non avere la chiave solo quando è arrivata alla porta. Allora .... a un vicino e gli .... se poteva telefonare alla sorella in ufficio e pregarla di tornare a casa prima possibile.

D Che tempo fa?

ATTIVITÀ

1 **Quiz. Le parole del tempo.**

1 È bianca e scende d'inverno ☐☐☐☐
2 È grigia e impedisce di vedere bene
☐☐☐☐☐☐
3 Bagna tutto quello che tocca
☐☐☐☐☐☐☐
4 Sono bianche, grigie o nere ☐☐☐☐☐☐
5 Soffia da tutti i punti cardinali ☐☐☐☐☐☐
6 Può aumentare o diminuire
☐☐☐☐☐☐☐☐☐☐
7 Possono essere mossi o calmi ☐☐☐☐
8 Il cielo senza nuvole è … ☐☐☐☐☐☐

2 **Meridionale, Settentrionale, Orientale, Occidentale.**
Trasforma le frasi secondo il modello.

es. Le regioni del nord →
Le regioni settentrionali

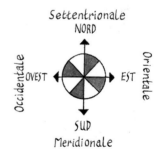

1 Le isole del sud: ....
2 Le regioni a ovest: ....
3 I laghi del Nord: ....
4 La costa da Venezia a Bari: ....
5 I paesi da Napoli alla Sicilia: ....
6 Una città del sud: ....
7 Il mondo dell'ovest: ....

3 Studia le cartine e i simboli.

a   Leggi la situazione di oggi (cartina A)
    e scrivi le previsioni del tempo per
    domani (cartina B) sul modello di A.
    Usa il futuro.

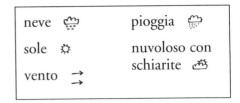

IN ITALIA

Oggi bel tempo, sole e sereno su quasi tutta la
penisola.
Sulla Sardegna meridionale e sulle coste della
Liguria, cielo parzialmente nuvoloso con
schiarite. Mari generalmente mossi, con venti
deboli o moderati.
Temperature sotto zero a Bologna, Bolzano,
Firenze e Torino, ma la città più fredda è
Milano con meno sette.

b   Che differenze ci sono? Scrivi tre frasi.

ESPRESSIONI UTILI

    piove a dirotto
    fa un freddo cane
    che ventaccio!
    tempo perfetto

4 Guarda le figure e scrivi il diario di
    Flavia da lunedì a sabato.

Comincia così:

- *Lunedì: Brutto tempo. Piove a dirotto. Non
  voglio uscire…*

GRAMMATICA

1 *Più che, meno che*

es. *In Africa fa **più** caldo **che** in Francia.*
*A Napoli piove **meno che** a Londra.*

a **Cosa sai del clima italiano? Segna V/F.**

1 A Palermo fa più caldo che a Firenze.
2 Sulle Alpi nevica più che a Roma.
3 A Venezia c'è meno nebbia che a Taranto.
4 A Bari piove più che a Roma.
5 In Lombardia fa meno caldo che in Sicilia.
6 In Inghilterra piove meno che in Italia.

b **Continua con i paesi d'Europa. Scrivi quattro frasi vere.**

es. *In Russia fa **più** freddo **che** in Francia.*

2 **Scegli il futuro adatto.**

Futuro		
essere*	fare*	cambiare
sarà	farà	cambi**e**rà
saranno	faranno	cambi**e**ranno

1 Come .... il tempo domani?
2 Che tempo ....?
3 Finora è stato brutto: ....?
4 Ci .... il sole?
5 Ci .... la pioggia?
6 Ci .... nuvole?
7 Ci .... temporali?
8 .... caldo o freddo?
9 Insomma, ... bel tempo?
10 .... le condizioni attuali?
Chissà.

3 **Completa le previsioni con una frase al futuro.**

es. *Domani su tutte le Alpi **ci sarà** brutto tempo.*

NB: Nei verbi regolari in -**ARE** al futuro
-**a** diventa -**e**
es. *diventare > divent**e**rà*

1 Domani sulle coste nord-orientali ....
(*esserci*) nebbia.
2 Sulla costa tirrenica .... (*esserci*)
temporali.
3 Nel nord, sulle Alpi, ... (*tirare*)
vento.
4 Lungo gli Appennini .... (*esserci*)
schiarite.
5 Nel sud e nelle isole .... (*fare*) caldo,
.... (*esserci*) sole.
6 Le temperature .... (*aumentare*) verso
sera.
7 I mari .... (*diventare*) più calmi.
8 Per sabato le condizioni del tempo a nord
.... (*tornare*) alla normalità.

1 È VERO PER TE?

Se non è vero, correggi con una frase completa.

es. Il tuo mezzo di trasporto preferito è la bicicletta.
Falso. È il treno.

- Viaggi molto.
- Hai paura dell'aereo.
- Fai lunghi viaggi in treno per lavoro.
- Hai preso la patente a trent'anni.
- Ti piacciono le macchine italiane.
- Non ti piacciono le utilitarie.
- Adori guidare a grande velocità.
- Recentemente hai avuto due multe.
- Il tuo mezzo di trasporto preferito è la bicicletta.
- Secondo te per andare al centro con la macchina bisognerebbe pagare un biglietto.

2 LEGGERE E SCRIVERE

La domenica a piedi

Da molti anni anni ormai i centri storici di molte città italiane sono diventati isole pedonali, cioè luoghi dove i cittadini possono passeggiare e incontrarsi come ai vecchi tempi, lontano dal rumore e dall'inquinamento (*pollution*) causati dal traffico. Ma recentemente, soprattutto a causa dell'emergenza smog, il ministro per l'ambiente ha lanciato una nuova iniziativa, la domenica a piedi. Moltissime città italiane hanno partecipato a questa iniziativa in cui tutti hanno lasciato la macchina a casa e sono usciti in bicicletta o a piedi. Tutti sono stati felici e hanno potuto ammirare la città senza macchine e senza rumore.

A Roma il Presidente della Repubblica ha dato l'esempio andando al lavoro a piedi.

Il 25 % di persone in più ha usato tram e autobus. In alcune città gli autobus erano gratis. Ferme dovunque auto, moto, motorini e scooter. Dappertutto l'inquinamento si è abbassato di molto.

1 Generalmente dove si trovano le isole pedonali?
2 Per quali ragioni sono state lanciate 'le domeniche a piedi'?
3 Come sono andate le persone in giro per la città?
4 In che modo ha partecipato all'iniziativa il Presidente della Repubblica?
5 Quante persone in più hanno usato i mezzi pubblici?

- **Nella tua città ci sono isole pedonali? Dove?**
- **Ci sono state 'domeniche a piedi' negli ultimi tempi? Scrivi un paragrafo.**

3 CULTURA

IL PONTE SULLO STRETTO

Coi suoi 3.360 metri sarà il ponte a campata unica (*single span***) più lungo del mondo.**

PALERMO – Sarà realtà il ponte sullo Stretto di Messina. Dopo più di 30 anni di leggi, progetti, polemiche e incertezze, il governo ha dato via libera. I lavori del ponte dovrebbero iniziare tra 38 mesi e finire in non meno di undici anni. Sarà un'opera dai grandi numeri: 3.360 metri di lunghezza, 97 mila tonnellate di peso, due torri a quattro pilastri di 390 metri, tre corsie autostradali nelle due direzioni (velocità massima 90 km orari) e due binari ferroviari (velocità massima 130 km orari). Costo: 4,85 milioni di euro.

Ci vorranno non meno di undici anni: quattro per completare il progetto e sette per la costruzione.

Il ponte porterà molti vantaggi per l'occupazione. Nella fase della costruzione infatti saranno impiegate 14.000 persone all'anno, per sette anni. Miglioreranno anche le comunicazioni e i commerci.

Per attraversare i cinque chilometri del ponte sullo Stretto un automobilista dovrà pagare un pedaggio di 10,84 euro.

1 Tra quanto sarà pronto il ponte?
2 Quanto sarà lungo?
3 A che velocità andranno le macchine?
4 Quanto costerá attraversare?

ORA SAI

✓ descrivere un aeroporto
✓ raccontare un viaggio al passato
✓ capire annunci
✓ comprare biglietti
✓ usare dovere e volere
✓ scegliere una macchina
✓ scrivere un itinerario
✓ parlare del tempo e fare previsioni

in vacanza

A	Cosa c'è da fare?
B	Scegliere una vacanza
C	Al campeggio
D	Che farà?

A Cosa c'è da fare?

ATTIVITÀ

1 **a Hai passato la tua ultima vacanza al mare a Castro in Puglia. Completa il questionario.**

Agenzia turistica Casamarina
Castro (Lecce)
Alloggio:
    appartamento in affitto ☐
    villa in affitto ☐
    albergo ☐
    campeggi
Ragioni della scelta della località:
    mare pulito ☐
    natura intatta ☐
    paese piccolo ☐
    tranquillità ☐
    altro ....
Come ha conosciuto questa località?
    personalmente ☐
    attraverso un'agenzia ☐
    tramite pubblicità (giornali, TV) ☐
    attraverso amici ☐
Secondo lei il paese è:
    ben   attrezzato per il turismo ☐
    poco ☐
    sufficientemente ☐
Come trova i ristoranti o alberghi del luogo?
    cari ☐
    buoni ☐
    economici ☐
    cucina genuina ☐
    servizio ottimo ☐ discreto ☐ mediocre ☐
Che suggerimenti ha per il futuro?
....

---

b Racconta la tua esperienza in una lettera a amici, seguendo l'ordine del questionario. Comincia così:
Quest'anno sono andato in vacanza a Castro, al mare …

2 **In vacanza. Scegli due attività per volta e fai paragoni.**

*es. Secondo me, lo shopping è **più** divertente **delle** passeggiate.*

shopping		divertente
passeggiate		tranquillo/a
pesca	**più**	stimolante
discoteca	**meno**	allegro/a **del, della**
visite ai musei		rilassante
bicicletta		simpatico/a
vela		faticoso/a
giri per le città		entusiasmante

GRAMMATICA

1 **Trasforma le frasi come nell'esempio.**

es. Devo fare molte cose →
*Ho molte cose **da fare.***

---
da + infinito

*es. Ho molti amici **da** vedere.*
*Non c'è niente **da** fare.*

---

1 Devo scrivere dieci lettere.
2 Dobbiamo mandare quei pacchi a Londra.
3 Non hanno tempo, devono fare tante cose.
4 Devi fare molte telefonate?
5 Quanto si deve pagare?
6 Dobbiamo leggere tutti quei giornali.
7 Cosa posso vedere in questa città?

2 Presente e passato.

Di solito …   **L'estate scorsa …**
(presente)   *(passato prossimo)*

Scrivi sei frasi su quello che fai in vacanza <u>di solito</u> (= *presente*) e quello che invece hai fatto <u>l'estate scorsa</u> (= *passato prossimo*). Usa tutte le espressioni utili.

es. D'estate di solito nuoto molto. L'estate scorsa invece ho camminato molto.

ESPRESSIONI UTILI

affittare una casa	andare in albergo
abbronzarsi al sole	leggere sotto
andare al	l'ombrellone
ristorante	cucinare a casa
farsi delle grandi	ballare tutta la notte
dormite	mangiare tanta frutta
mangiare tanti	scalare montagne
gelati	
visitare musei	

3 **Prepara le domande e scrivi quattro brevi dialoghi. Cominci così.**

*es. - **Sei mai stato a** Perugia?*
*- Sì, **ci sono stato** due anni fa.*

 - Mi è piaciuta.

 - Non mi è piaciuto.

1	2	3	4
Modena 2000 2 settimane	Taormina luglio un weekend	Siena l'anno scorso 5 giorni	Amalfi No Peccato! …

B Scegliere una vacanza

ATTIVITÀ

1 **Scegli la vacanza adatta per ogni persona o gruppo e scrivi una frase come nell'esempio.**

es. Siamo due studentesse. Ci piacerebbe fare un giro a piedi delle Dolomiti, perché lo scenario è stupendo e ci piace molto camminare.

famiglia con bambini piccoli
ragazzo avventuroso
uomo d'affari stanco
giovane coppia sportiva
coppia in pensione
due studentesse √
due amici di 30 anni

VIAGGI AVVENTURA
Giro d'Europa in bicicletta
Giro a piedi delle Dolomiti √
Giro di città d'arte
Giro d'Europa in macchina
Crociera nel Mare del Nord
Campeggio nelle isole
Settimana subacquea nel Mar Rosso
Viaggio organizzato a Marrakesh
Albergo confortevole a Taormina

2 Fai il quiz e saprai con chi partire.

QUIZ. VUOI VIAGGIARE CON ME?

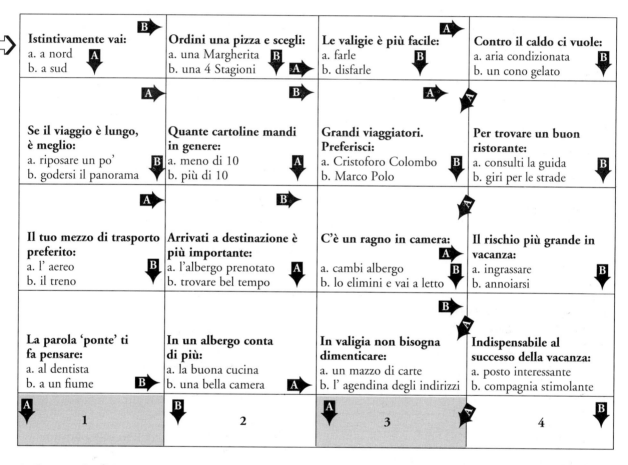

1 I rumori, gli imprevisti, i contatti con gli altri ti danno fastidio. Preferisci la solitudine. **Parti da solo/a.**

2 Ami programmare, non ti piacciono le avventure. Preferisci compagni di viaggio con le stesse abitudini e interessi. **Vai con il tuo/ la tua partner.**

3 Non puoi e non devi viaggiare da solo/a. Meglio la compagnia di qualcuno pronto a fare esperienze nuove con te. **Scegli un amico.**

4 Ti adatti facilmente a situazioni e a gente nuova. Se non stai in mezzo agli altri non ti diverti! **Ma non devi esagerare con la vita di gruppo**: può essere stancante per tutti.

3 **Viaggi all'ultimo minuto.**

A)
IN MOTO A CAPO NORD
L'operatore turistico "Osservando il mondo" organizza un viaggio a Capo Nord in moto o in jeep. Si parte il 5 agosto dal confine italo-austriaco del Brennero per un viaggio itinerante che durerà 21 giorni. Le soste e i pernottamenti sono previsti a Kircheim, Oslo, Alesund, Tromso, Capo Nord, Lapponia e Stoccolma. Il costo è di 2066 euro e include il noleggio del mezzo di trasporto con il conducente, i pernottamenti, i traghetti e nove cene in chalet.
Informazioni 030–3541719

B)
MEDITERRANEO
IN DIFESA DELLE TARTARUGHE
Il CTS organizza campi studio sulla tartaruga marina alle isole di Linosa e Lampedusa e in Sardegna. Non servono qualifiche, solo la disponibilità a ispezionare le spiagge, localizzare nidi e sensibilizzare i turisti e la gente del luogo sulla necessità di lasciare deserte le spiagge durante la notte.
La sistemazione è in campeggio o appartamento, con quote che partono da 155 euro.
Informazioni 003906–441 11473

C)
ISOLE EOLIE
L'ARCIPELAGO IN BARCA A VELA
Il Barabah, un due alberi di 46 metri, salpa dal porto di Siracusa per una crociera di una settimana nelle isole Eolie. A bordo ci sono dieci cabine con due posti letto a castello, con doccia e lavandino. Il costo per una settimana è di 1010 euro, a cui bisogna aggiungere 200 euro per le tasse portuali e il carburante.
Informazioni 003902–584 30017

Leggi le offerte di viaggio e decidi se Vero o Falso.

1 Per Capo Nord si va in macchina fino a Oslo.
2 Chi partecipa al campo ecologico in Sardegna non paga.
3 Il veliero Barabah per le Eolie può accomodare trenta persone.
4 Il viaggio più caro di tutti è quello per Capo Nord.
5 Bisogna essere qualificati per partecipare al progetto di difesa delle tartarughe.
6 Il costo base della crociera nelle Eolie non include il carburante e le tasse.
7 Nelle isole del Mediterraneo le spiagge di notte sono sempre deserte.
8 Il cibo non è mai incluso nel prezzo.

GRAMMATICA

1 **Rispondi in modo negativo.**

Forma negativa: *non . . . mai*

Presente:
non + verbo + **mai**
es. *Non bevo mai tè.*

Passato prossimo:
non + aus. + **mai** + participio passato
es. *Non ho mai sciato.*

1 Vai mai allo stadio a vedere una partita?
2 Prendi mai l'aperitivo prima di pranzo?
3 Ti sei mai alzato alle 4 di mattina?
4 Hai mai visto un film di Antonioni?
5 Sei mai stato in Sicilia?
6 Hai mai mangiato caviale?

2 Rispondi negativamente scegliendo *niente* o *nessuno*.

es. *Vedi qualcosa? Non vedo **niente**.*
*C'è qualcuno in casa?Non c'è **nessuno**.*

> **Forma negativa:** *niente, nessuno*
>
> *es.* ***Non** so **niente**.* (cosa)
> ***Non** c'è **nessuno**.* (persona)
>
> Nota la doppia negazione.

1 Hai capito?
2 Hai parlato con qualcuno?
3 Il bimbo ha mangiato tutto?
4 È venuto Mario questo pomeriggio?
5 C'è qualcosa da mangiare in frigo?
6 Avete comprato qualcosa?

3 È vero per te? Se non è vero, spiega con una frase.

es. *Non vai mai in vacanza da solo.*
→ Falso. L'anno scorso sono andato in India da solo.

■ Non sei ancora andato in Grecia.
■ Non sai niente di economia.
■ Non ti piace per niente il cricket.
■ D'estate non vai da nessuna parte.
■ Ieri non hai visto nessuno.
■ Nessuno ti ha spiegato come funziona il computer.

C Al campeggio

ATTIVITÀ

1 Per campeggiare.

1 tenda   2 torcia elettrica
3 fornello da campo   4 pentola
5 posate   6, 7 bicchieri e piatti di carta
8 sacco a pelo   9 sacchetto per rifiuti
10 acqua

a **A che serve? Indovina l'oggetto.**

1 Servono per tenere il cibo.
2 Servono per bere.
3 Serve per bere o cucinare.
4 Serve per scaldare e cucinare.
5 Serve per cuocere la pasta.
6 Servono per mangiare.
7 Serve per dormire.
8 Serve per vedere di notte.
9 Serve per ripararsi.
10 Serve per buttare cose sporche.

b **Puoi portare con te solo sei cose. Quali scegli? Perché? Spiega.**

2 Campeggio Sole.

Regolamento

- **Per la registrazione bisogna mostrare un documento di identità.**
- **Alla fine del soggiorno bisogna lasciare il campeggio entro le ore 13,00.**
- **Da mezzanotte alle 7 del mattino nessuna macchina può entrare nel campeggio.**
- **Di notte sono proibiti tutti i rumori.**
- **È proibito accendere fuochi nel campeggio o nelle vicinanze.**
- **I rifiuti devono essere messi nei bidoni.**
- **Per tenere un cane bisogna ottenere il permesso del direttore.**
  I cani devono essere tenuti al guinzaglio
- **Vestiti e piatti devono essere lavati nei lavatoi (washrooms) del campeggio e non in tenda. Ci sono docce con acqua calda e fredda vicino ai gabinetti.**
- **Prezzo per notte (bassa stagione): 1 persona €19 euro; 2 persone €30; 3 persone €35**

---

a   Leggi e metti nella colonna giusta come nell'esempio. Il primo è già fatto.

è obbligatorio	è vietato
-mostrare un documento di identità	

b   **Arrivano ospiti nuovi. Tu sei la ragazza del campeggio.**
Per rispondere guarda il regolamento.

- Buongiorno. Avete posti liberi in campeggio?
- Certamente. Non c'è molta gente oggi.
- Allora vorrei una tenda per favore.
- …………………………………?
- Un ragazzo di 14 anni, io e mio marito..
- …………………………………?
- Una settimana in tutto.
- …………………………………?
- Abbiamo un camper.
- Bene, …………………………………?
- No, mi dispiace, non li ho con me. Li porterà mio marito.
- …………………………………?
- Dunque, lui deve arrivare stanotte tardi, ma non so quando.
- Mi dispiace ma …………………
- Allora gli telefono di arrivare di giorno. Senta, dove possiamo lavarci?
- …………………………………
- Possiamo accendere il fuoco per cucinare?
- …………………………………
- Peccato, vuol dire che mangeremo un sandwich. E un'altra cosa: abbiamo un cane con noi.
- …………………………………
- Va bene. E quanto viene al giorno la tenda?
- …………………………………

3 Scrivi due email per queste persone che non sanno l'italiano. Adatta l'esempio.

All'Ente Turismo di Ascoli Piceno
Gentile Direttore,
Desidero venire in Italia questa primavera nella zona di Cupra con la mia famiglia per una vacanza di dieci giorni. Ci piacerebbe molto stare in campeggio. Potrebbe spedirmi al più presto un opuscolo della regione e qualche informazione sui campeggi?
La ringrazio e la saluto cordialmente.

---

a
Ente Turismo, Cagliari.
Vacanze in Sardegna
giovane coppia
giugno
8 giorni
lista dei campeggi
nella zona
prezzi
ristoranti? club?

b
Azienda Soggiorno,
Ravello.
Campeggio
zona Amalfi
3 amici + un cane
marzo, due settimane
vogliono fare sport
lista campeggi
informazioni concerti
attrezzature sportive

GRAMMATICA

1 Le foto delle tue vacanze.

Per ognuna spiega dov'*eri*, com'*era* il tempo e che cosa *hai fatto* quel giorno.
es. Qui **ero** *a Londra. Il tempo* **era** *brutto,* **pioveva***. La sera* **siamo andati** *al pub.*

Per descrivere al passato: Imperfetto		
	essere*	avere*
(io)	ero	avevo
(lui, lei)	era	aveva
(loro)	erano	avevano

2 Sei andato con la famiglia (due bambini di 2 e 8 anni) a CITTADUCALE per una mini-vacanza (tre notti) alla fine di ottobre.

CENTRO AGRITURISTICO 'CITTADUCALE' (Monte Terminillo)		
	Bassa Stagione	Alta Stagione
Pernottamento e Prima Colazione	€23,50	€28,50
Mezza Pensione	€40,00	€46,50
Pensione Completa	€49,00	€57,00

Alta Stagione:
- dal 25/07 al 31/08.
- Feste di Pasqua e di Natale.

Offerta famiglia:
- bambini fino a 3 anni gratis
- bambini da 3 a 10 anni:
    bassa stagione – sconto 50%
    alta stagione – sconto 25%

Scrivi a un amico e racconta la vacanza:

■ dove siete andati
■ quanto tempo siete rimasti
■ quanto avete pagato per notte con pensione completa *(per voi e per i bambini)*
■ come avete mangiato *(tutto buonissimo e abbondante)*
■ come era il tempo *(pioggia poi sole)*
■ che cosa avete fatto di bello *(passeggiate)*

D Che farà

ATTIVITÀ

1 La casa del futuro …

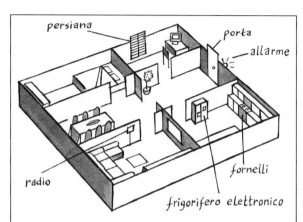

persiana
porta
allarme
radio
fornelli
frigorifero elettronico

La casa del futuro funzionerà digitalmente.

Con una *console* sarà possibile fare tutto. Il sistema si chiama Domotech ed è wireless, cioè senza fili. Al posto della *console* si può usare anche il cellulare (*mobile*).

a Scegli il verbo giusto e completa le frasi al futuro.

accendere/spegnere	aprire/chiudere
regolare	attivare	risparmiare

1 Si ………… la luce.
2 Si ………… le persiane.
3 Si ………… la temperatura del riscaldamento.
4 Si ………… e ………… le porte.
5 Si ………… l'irrigazione per il terrazzo.
6 Si ………… il sistema di allarme.
7 Si ………… e ………… i fornelli.
8 Si ………… e ………… la radio.
9 Si ………… tempo e fatica.

b Completa con il verbo al futuro.

Inoltre il frigorifero del futuro (americano!) avrà sullo sportello una *web* portatile dove si ………… e ………… (*lasciare e leggere*) messaggi, si ………… (*consultare*) il calendario, si ………… (*scrivere*) e-mail e si ………… (*navigare*) in Internet.

2 Scegli il verbo adatto. Metti tutti i verbi al futuro al posto giusto.

girare (×2) andare (×3) gettare aprire ballare fermarsi alzarsi brindare *(drink a toast)* scoprire passeggiare chiedere prenotare stare

Cara Carla,

Ho deciso. A fine anno (1)………… a Roma. (2)………… al mio vecchio amico John, che parla italiano, di venire con me. Conosco un alberghetto moderno, non caro ma centrale, vicino al Foro Romano, così (3)………… lì per cinque giorni. La mattina ci (4)………… presto e (5)………… subito a prendere un cornetto caldo e un caffè al bar all'angolo, di fronte al Colosseo. Sono sicuro che (6)………… tutta la mattina per le strade della vecchia Roma che io conosco così bene, e che (7)………… qualcosa di nuovo.
Il pomeriggio (8)………… per il centro guardando negozi e librerie (9)………… per un po' al Pantheon a bere una cioccolata calda. La sera di Capodanno siamo stati invitati dalla mia vecchia amica romana Maria Vittoria, e così (10)………… a casa sua a cenare: si (11)………… e si (12)………… un po' in allegria. A mezzanotte in punto (13)………… lo champagne e (14)………… all'anno nuovo e, se non passa nessuno, (15)………… qualche piatto vecchio fuori della finestra. Allora a presto! Ciao.

Massimo

GRAMMATICA

1 **Rimanda tutto a più tardi. Usa i pronomi *lo, la, li, le*.**

Futuro regolare		
(parlare)	(leggere)	(dormire)
parl**erò**	legg**erò**	dorm**irò**
-rò	**-remo**	
-rai	**-rete**	
-rà	**-ranno**	

Il futuro si forma dall'infinito.
NB: **-a** di **-ARE** diventa **-e** nel futuro.

es. *Hai già letto il giornale?*
Non ancora, ***lo leggerò*** *stasera.*

1 Hai comprato i biglietti? .... sabato.
2 Ha scritto quella lettera ? .... stasera.
3 Hai sentito i tuoi amici? No, ...
   lunedì prossimo.
4 Hai preso la medicina? Non ancora,
   .... più tardi.
5 Avete mandato gli auguri a tutti? No,
   .... domani.
6 Inviterai anche gli amici spagnoli? Sì,
   .... tutti a cena.

2 **Completa le frasi con il verbo al futuro.**

Futuro irregolare (1)			
(essere)	(fare)	(dare)	(stare)
sarò	**farò**	**darò**	**starò**

1 Le previsioni dicono che il tempo al
   weekend .... buono.
2 Ho comprato un bel libro, penso che lo
   .... a Massimo.
3 Arriviamo stasera a New York, ci ....
   due giorni.

4 Purtroppo l'esame di Gianni è andato male.
   Non so bene che cosa .... adesso.
5 Ci .... un sacco di gente alla festa.
6 Noi gli .... un bel regalo per il suo
   compleanno.
7 Sicuramente non ci .... posti liberi
   sul treno.

3 **Completa le risposte al futuro.**

Futuro irregolare (2)			
(avere)	(vedere)	(andare)	(potere)
avrò	**vedrò**	**andrò**	**potrò**

1 Stasera vediamo un film giallo.
   Domani sera .... un film romantico.
2 Quest'anno vado a New York.
   L'anno prossimo .... a Rio.
3 Di solito non ho mai tempo.
   Ma da oggi in poi ....
4 Vai a Cervinia a Natale?
   No, ... a Canazei.
5 Non abbiamo molto da fare oggi.
   Ma .... domani.
6 Chissà dove vanno Ugo e Nia.
   Penso che .... a Londra.
7 Pensi di poter venire con noi?
   Non so se ....

1 SARÀ VERO PER TE?

Quali di queste cose è più probabile nel prossimo anno?

- avrai un nuovo lavoro.
- ti riposerai.
- scriverai un libro.
- ti innamorerai.
- farai jogging ogni mattina.
- cambierai casa.
- venderai la tua vecchia macchina.
- imparerai a usare il computer.
- farai un lungo viaggio.
- guadagnerai più di quest'anno.
- nasceranno bambini nella tua famiglia.
- rivedrai amici che non vedevi da molto tempo.

2 LEGGERE E SCRIVERE

Robot italiani

Secondo una recente ricerca, non ci sono dubbi: con il 2010 il numero di robot operanti nel mondo supererà il milione. Solo in Italia, dove si aspetta un aumento del 10% annuo, ce ne saranno 65.000. La maggior parte dei robot italiani sono usati nell'industria, soprattutto quella automobilistica. Si dice scherzando che una macchina nuova che esce dalla FIAT non è mai stata toccata da mano umana! Infatti in Europa la richiesta di robot negli ultimi anni è aumentata del 2,5%, con in testa la Germania (100.000 robot) e subito dopo l'Italia (44.000). Ma se prendiamo il solo settore automobili, Italia e Germania sono in testa alla pari con un robot ogni 10 lavoratori. (*Espresso, 31 ott 2002*)

a Trova le parole che significano

1 andrà oltre   4 è cresciuta
2 crescita   5 al primo posto
3 più di tutto   6 a pari merito
7 una macchina che agisce come un essere umano

b Scrivi un breve riassunto dell'articolo. Devi dire:

1 Quanti robot ci sono in Italia oggi.
2 Le previsioni per il 2010.
3 Il paragone con la Germania.
4 Il settore industriale italiano in cui si usano più robot.
5 La situazione in Germania.

3 CULTURA

Non ci saranno 'gli euri' in Italia.

Il Senato ha deciso definitivamente che in Italia non si userà 'euri' come plurale di *euro*, respingendo la richiesta del senatore Renzo Gubert che chiedeva di iniziare a usare il plurale dal gennaio 2003.

Infatti la Comunità Europea, quando si cercava il nome della nuova moneta unica, aveva deciso di mantenere la forma invariata *euro* perché sembrava più facile nelle diverse lingue della Comunità.

La parola '*euro*' sarà trattata in italiano come altre parole straniere, cioè rimarrà invariabile: come *mango* che rimane '*i mango*' al plurale o il *bingo* che non diventa '*i binghi*'. Alcuni linguisti però pensano che si dovrebbe dire 'gli euri', nello stesso modo che si dice 'i dollari' come plurale di dollaro o 'i marchi' come plurale di marco.

In ogni caso la Commissione UE ha deciso che '*euro*' sarà un nome comune maschile, invariabile e scritto con l'iniziale minuscola.

> **Scrivi cinque parole straniere che fanno ormai parte della lingua italiana e fai frasi.**
> *es. Film. Mi piacciono i film francesi.*

ORA SAI

✓ parlare di quello che si fa in vacanza
✓ parlare di quello che hai fatto in vacanza
✓ scegliere una vacanza
✓ dire come era il posto
✓ dire come era il tempo
✓ fare programmi per il futuro

~~14~~ ripasso 2

Test 8–10

UNITÀ 8

1 Metti al plurale. [6]

es. *un giacchetto rosso*
due giacchetti rossi

1 un orologio moderno
2 il nuovo cellulare
3 l'ultima Vespa
4 lo spumante italiano
5 una poltrona leggera
6 un profumo francese

2 Completa le frasi con *gli* o *le*. [4]

es. *Hai telefonato a Tonio?*
No, gli telefono stasera.

1 Hai scritto a tua sorella?
Sì, ... scrivo spesso.
2 Cosa compri per tua madre?
.... compro un cellulare.
3 Voglio molto bene a Vittorio.
Anch'io .... voglio bene.
4 Ho parlato con Paolo.
Anch'io .... devo parlare.

3 Scrivi i negozi dove si comprano queste cose. [7]

es. *borsa di pelle: in pelletteria*

1 gelato: ....
2 orecchini d'oro: ....
3 bottiglia di acqua di colonia: ....
4 paio di sandali: ....
5 dizionario spagnolo-italiano: ....
6 gonna elegante: ....
7 giornali: ....

4 Completa con l'espressione giusta come nell'esempio. [2]

es. *Un paio di scarpe da uomo per Nino.*

1 Un orologio .... per Adriana.
2 Un paio di guanti .... per il mio nipotino.
3 Un cappello .... per mio marito.
4 Un paio di scarpe .... per mia sorella.

5 Sottolinea il materiale giusto. [2½]

es. *Una borsa: di cotone/d'argento/*
di pelle

1 Un vestito:	di pelle	di cotone	d'oro
2 Le scarpe:	di lana	di seta	di pelle
3 Un cappello:	di pelle	di plastica	di tela
4 Un golfetto:	di seta	di lana	di carta
5 I guanti:	di plastica	d'oro	di pelle

6 In un negozio. Trova le domande per queste risposte. [6]

es. *Buonasera. Desidera?*
Vorrei vedere un paio di scarpe.

1 ....?
Vorrei vedere dei mocassini.
2 ....?
Marrone.
3 ....?
No, non mi piacciono molto.
4 ....?
Sì, questi neri sono più belli.
5 ....?
Sì, grazie. Li provo. Mi vanno benissimo.
6 ....?
Sì, li prendo.

7 Scrivi quattro articoli di abbigliamento per donna e quattro per uomo, con il colore o il materiale. [8]

es. per lei, una gonna lunga di seta
per lui, un cappotto di lana blu

per lei	*per lui*
....	....
....	....
....	....
....	....

8 In un grande magazzino. Completa con le forme giuste di *quello*. [7]

es. Vorrei vedere quel cappotto di lana.

1 Mi fa vedere .... giacchetto di pelle?
2 Vorrei provare .... gonna a fiori.
3 Mi piace moltissimo .... specchio.
4 Vorrei vedere .... guanti.
5 Mi fa provare .... scarponi?
6 Mi dia .... orologio a destra.
7 E .... scarpe eleganti, quanto costano?

9 Metti la forma corretta di *buono*. [7]

es. Tanti auguri di buon anno!

1 .... compleanno Paolo!
2 Che .... spumante!
3 Ho comprato dei .... fichi.
4 Silvia ha molte .... amiche.
5 Ti auguro una .... giornata.
6 C'è un .... articolo su Repubblica.
7 Che .... zabaglione!

10 Completa con *da* e il pronome. [6]

es. Domani è il mio compleanno.
Venite da me.

1 Aurora fa una festa. Andiamo ....
2 Antonio e Susanna ci hanno invitato. Andiamo ....
3 Ho ricevuto il tuo invito per stasera. Vengo ....

4 Luciano non può uscire oggi. Andiamo ....
5 Domenica è il nostro anniversario. Venite a pranzo ....
6 Ho il raffreddore e non posso uscire. Perché non vieni tu ....?

11 Completa le frasi con la forma giusta di *stare* + gerundio. [6]

es. Dove stai andando Mario?

1 Laura .... con la signora Rossi. *(parlare)*
2 Noi .... per l'Italia. *(partire)*
3 A chi .... tu? *(scrivere)*
4 Che giornale .... voi? *(leggere)*
5 Io .... spumante e tu? *(bere)*
6 Marco e Anna .... *(dormire)*

UNITÀ 9

1 Prepara 5 domande al passato da fare agli amici (*voi*). [5]

1 Dove ....? *(stare)*
2 Con chi ....? *(andare)*
3 Quanto tempo ....? *(rimanere)*
4 .... di bello? *(fare)*
5 Vi ....? *(divertirsi)*

2 *Essere* o *avere*? Rimetti gli ausiliari. [7]

L'altra sera .... festeggiato il mio compleanno in compagnia di amici: Mary e Pierre, che .... venuti apposta dalla Svizzera, Tony e Valerie, che .... stati miei compagni di scuola, e Tommaso con cui .... studiato chimica a Pavia in Italia. .... invitato anche mio fratello Paul. .... andati a cena fuori ed .... stata una serata magnifica.

3 Cos'hai fatto ieri? [6]

es. *Ieri mi sono svegliato/a alle 9 e sono andato/a …*

9	sveglia
10	in palestra
11	doccia ecc.
11,30–12,30	lezione di inglese
1	pranzo con Gina
4–6	spese
6,30	fisioterapia
7,30	Antonio e Mimma a cena

4 **Scrivi i giorni della settimana. Per ogni giorno scrivi una cosa che hai fatto.** [7]

5 **Scrivi come hai cucinato gli spaghetti.** [4]

Ricetta

1 Si mette l'acqua nella pentola.
*Ho **messo** l'acqua nella pentola.*

2 Si fa bollire l'acqua. (*fatto*)
………………………………

3 Si aggiunge il sale. (*aggiunto*)
………………………………

4 Si mettono gli spaghetti nella pentola.
(*messo*)………………………………

5 Si cuociono gli spaghetti per 8 minuti.
(*cotto*) ………………………………

6 Si scolano bene gli spaghetti.
………………………………

7 Si aggiunge il sugo di pomodoro. (*aggiunto*)
………………………………

8 Si mette il parmigiano sulla pasta.
………………………………

6 **Metti le forme giuste di *sapere*.** [6]

es. ***Sai** che ora è?*
Mi dispiace non lo so.

1 ………… suonare il piano? (*tu*)
Lo ………… suonare solo a orecchio.

2 ………… giocare a bridge? (*voi*)
………… giocare a poker ma non a bridge.

3 Quei ragazzi sono bravissimi, ………… fare di tutto.

4 Pietro ………… anche aggiustare il computer.

7 **Usa *sapere* o *conoscere*.** [6]

es. *(tu) Sai guidare?*
Conosci mio marito?

1 Non ………… a che ora arriva il treno. (*io*)

2 ………… Vicenza? È una città bellissima. (*voi*)

3 Purtroppo non ………… nessuno in questa città. (*noi*)

4 Mirella ………… tutti.

5 Nessuno ………… dove abita Adriana adesso.

6 Qualcuno ………… il numero di telefono di Mirella?

8 **Rispondi con il passato prossimo.** [5]

es. *A che ora ti sei svegliato oggi?*
Mi sono svegliato …

1 Quando ti sei alzato?
2 Che vestiti ti sei messo?
3 Come sei andato al lavoro?
4 Ti sei rilassato all'ora di pranzo?
5 Ti sei divertito con gli amici?

9 **Attrezzatura da sci. Scrivi sei cose indispensabili.** [2½]

es. *Gli scarponi, …*

10 **Scrivi cosa avete fatto ieri in montagna tu e i tuoi amici.** [8]
es. 8.00 sveglia →
Ci siamo svegliati alle otto.

Giornata tipo all'HOTEL SIUSI	
8,30	colazione
9,30	partenza in funivia
10–12	lezioni in pista
12,30	pranzo al rifugio
14,30	sci
16	riposo
20,30	cena
21	discoteca

11 **Scrivi quanti anni fa sono successe queste cose.** [5]
1 Si sono sposati nel 2000.
2 Luigi è nato nel 1965.
3 Ha cominciato a lavorare nell'86.
4 Ha iniziato a studiare il tedesco nel 2002.
5 Si è trasferito a Bonn nel 1990.

UNITÀ 10

1 **Tipi di programma. Unisci lettera e numero.** [6]
es. *a – 4*

a) Attualità.
b) Telegiornale.
c) Telefilm.
d) Notizie Sportive.
e) Cartoni Animati.
f) Previsioni del tempo.

1 In diretta cronaca della partita Roma-Lazio.
2 Che tempo farà domani?
3 Notizie da tutto il mondo.
4 I problemi del traffico.
5 Il commissario Pezzotti.
6 Biancaneve e i sette nani.

2 **La TV. Scrivi le domande.** [5]
es. *Ti piace la TV?*
Non troppo, preferisco la radio.

1 ....?
In genere guardo due o tre ore al giorno.
2 ....?
Guardo sempre il telegiornale.
3 ....?
Il mio programma preferito è *Panorama*.
4 ....?
Ogni tanto guardo una partita.
5 ....?
Ieri sera ho visto un vecchio film.

3 **Metti le parole che mancano.** [4]

Un *film* che mi piace molto è Cinema Paradiso. Il .... è Giuseppe Tornatore e gli .... principali sono Salvatore Cascio e Philippe Noiret. Non ci sono .... famose. È un film a ....

4 **Completa con *a* o *in*.** [5]
es. *Ho tanta voglia di andare in Italia.*

1 Non sono mai andata ...... Lisbona.
2 Per tenermi in forma vado ...... piscina ogni mattina.
3 Il sabato pomeriggio vado sempre ...... giocare a tennis.
4 Perché non andiamo ...... discoteca stasera?
5 Siamo andati ...... mangiare in un ristorante cinese.

5 **Completa il dialogo con le informazioni nel riquadro.** [4]

3 biglietti
in galleria
tutti insieme
1ª fila solamente

Al botteghino del teatro

A Buonasera, dica.
B Vorrei ....
A Li vuole in platea?
B No, ..., per favore.
A Vanno bene posti separati?
B No, devono essere ....
A Ci sono in prima e in seconda fila.
B ...., per favore, perché non sento bene.

6 **Al ristorante. Segna (X) gli errori nel menu.** [6]

Antipasti: olive – prosciutto – agnello – crostini

Primi: tagliatelle – vitello – gnocchi – minestrone

Secondi: pesce alla griglia – arrosto di maiale – tortellini al gratin

Contorni: piselli – spinaci – macedonia – insalata verde

Dolce/frutta: uva – uova – tiramisu – torta gelata

Da bere: acqua – vino bianco – zabaglione – birra

7 **Al ristorante**
Scrivi le parole che mancano. [6]

A Cosa le porto per ....?
B Prosciutto e melone.
A E per ....?
B Niente primo, non ho molta fame.
A Va bene. Allora per ....?
B Una trota al forno.
A Bene e per ....?
B Insalata di pomodori e spinaci al limone.
A E ....?
B Mezza bottiglia di acqua minerale.
A ....?
B No, grazie, basta così.

8 **Alla radio ho sentito ... Scrivi quattro tipi di programmi radio.** [2]

9 **Fai gli avverbi e scrivi una frase.** [4]
es. lento → lentamente
Lei parla lentamente.

1 tranquillo → ....
Lui........................ (*vivere*)
2 veloce → ....
Il tempo................. .... (*passare*)
3 raro → ....
Noi .... (*bere birra*)
4 normale → ....
Il treno............... .... (*costare poco*)

10 **Scegli tra *devo* e *posso*.** [3]

1 Scusi, ... entrare?
2 Oggi .... uscire presto.
3 Non so cosa .... fare per te.
4 Se ...., ti telefono.
5 .... dirti una cosa importante.

Test 11–13

UNITÀ 11

1 **Trova i contrari.** [2]

1 smettere	a) ricordare
2 dimagrire	b) far male
3 dimenticare	c) cominciare
4 far bene	d) ingrassare

2 **Scrivi cinque consigli a un amico inglese che va in Italia (*tu*).** [5]
es. prendere il sole gradualmente →
prendi il sole gradualmente

D'estate col caldo è bene ...

a) bere 2 litri di acqua al giorno
b) portare vestiti leggeri
c) proteggere la pelle
d) rimanere poco al sole
e) usare liquido anti-zanzare

3   **Scrivi i consigli con il *voi*.**   [4]
es. È utile andare in vacanza →
Andate in vacanza.

> **Per smettere di fumare ...**
>
> 1   È meglio decidere una data.
> 2   È importante smettere gradualmente.
> 3   È utile buttare via il pacchetto di sigarette.
> 4   Bisogna evitare amici fumatori.
> 5   È bene fare molta attività fisica.

4   **Decidi di che sport si tratta.**   [5]
es. uno sport divertente: il ping pong

uno sport   emozionante: ....
           rilassante: ....
           violento: ....
           individuale: ....
           per due persone: ....

5   ***Più* o *meno*? Completa.**   [5]
es. La bicicletta è più veloce della
macchina.

1   Il calcio è .... violento ....
rugby.
2   La televisione è .... interessante
.... radio.
3   Le passeggiate sono .... rilassanti
.... nuoto.
4   L'aereo è .... sicuro .... treno.
5   L'atletica è .... artistica ....
calcio.

6   **Scrivi quattro sport che si fanno
all'aperto.**   [2]

7   **Trova il consiglio giusto.**   [4]

a)   Faccio un lavoro sedentario e sono
ingrassato. Cosa posso fare?
b)   Mi piace nuotare ma odio le piscine. Che
faccio?
c)   Fumo venti sigarette al giorno da anni.
Come posso smettere?
d)   Mio figlio è timido, parla solo col computer.
Che fare?

1   *Cambia casa e vai vicino al mare.*
2   *Mandalo a fare un campo di lavoro all'estero.*
3   *Elimina i grassi dalla tua dieta.*
4   *Compra un grosso pacco di gomma americana.*

UNITÀ 12

1   **Scrivi quattro posti importanti
nell'aeroporto.**   [2]

2   **Scrivi le preposizioni che mancano.** [6]
es. Il cambio è di fronte alla farmacia.

1   Il ritiro bagagli è ...... pianterreno.
2   Il Bar è vicino ...... tolette.
3   L'ascensore è ...... fondo ...... sinistra.
4   La biglietteria è ...... sinistra ......
ascensori.

3   **Sei appena arrivato all'aeroporto.
Cosa hai fatto?**   [5]
1   Sono sceso ....
2   Ho .... il bagaglio.
3   Ho fatto il controllo ....
4   Ho .... la dogana.
5   Sono .... e .... un tassì.

4 **Scrivi le domande.** [4]

es. A che ora parte?
Parte da Roma alle 8,15.

a) Arriva a Londra alle 9,40.
b) Ha un ritardo di 10 minuti.
c) A causa di uno sciopero.
d) Da Palermo a Londra: circa 3 ore.

5 **Rimetti le preposizioni.** [8]

1 Il treno *da* Roma *per* Milano ha 30 minuti
   ...... ritardo.
2 Il treno ...... 15,30 è stato cancellato.
3 Il treno ...... Napoli parte ...... 13,30.
4 Il rapido ...... Parigi ...... 6,30 è ......
   arrivo ...... binario 8.

6 **Completa con il passato prossimo.** [7]

Questo fine settimana *siamo andati* a Parigi con
l'Eurostar. (1) ...... da Waterloo, (2)......
l'Eurostar delle 8,30. Il viaggio (3) ...... solo
due ore in tutto, (4) ...... bello. (5) ...... a
Parigi sabato e domenica e (6) ...... a casa
domenica sera tardi. Ci (7) ......un sacco.

7 **Prepara le domande per un sondaggio**
   sulla macchina (*Lei*). [6]

1 Lei .... la macchina?
2 .... italiana?
3 .... spesso?
4 .... colore è?
5 .... molta benzina?
6 .... per andare al lavoro?
7 .... viaggi all'estero?

8 **Completa il dialogo al distributore.** [4]

- Desidera?
- Il .... per favore.
- Senza ....?
- Sì, grazie. Super, per favore.
- Altro?
- Mi può controllare le...........e l'...........?
- Subito.

9 **Scegli (*non*) *si può* o (*non*) *si***
   possono. [5]

Con la macchina ...
1 .... fare lunghi viaggi.
2 .... attraversare il mare.
3 .... andare al lavoro.
4 .... portare amici a casa.
5 .... parcheggiare nel centro storico.

10 **Scrivi che tempo fa oggi.**

| Nord | Centro | Sud |

11 **Domani il tempo cambierà. Metti al**
   futuro. [4]

es. Oggi il tempo è bello.
Domani sarà brutto.

1 Oggi fa bel tempo.
2 Oggi è nuvoloso.
3 Oggi fa freddo.
4 Le temperature sono basse.

UNITÀ 13

1 **Segna (✗) l'aggettivo che non va**
   bene. [4]

Scenario: piacevole economico stupendo
Attrezzature: rosse sportive turistiche
Natura: selvaggia antipatica intatta
Posto: verde tranquillo facile

2 **Fai frasi al passato o al futuro.** [4]

a) L'estate scorsa/fare/viaggio/ motocicletta
b) La settimana prossima/partire/India/2 amici
c) L'anno scorso/studiare/francese/Parigi
d) L'anno prossimo/prendere/laurea/medicina/
   Roma

3 **Completa le frasi con *da* + infinito.** [4]
es. Per la mia festa ho molti amici da invitare.

1 Ci sono due lettere ....
2 Hai molte cose .... al mercato?
3 Abbiamo un lavoro urgente .... per domani
4 Che bello, domani non abbiamo niente ....!
5 È una persona che ha molto ....agli altri.

4 **I tuoi genitori sono tornati da una crociera. Scrivi cinque domande.** [5]

1 Da dove   *(partire)*
2 Con chi   *(andare)*
3 Quanti giorni   *(durare)*
4 Dove   *(fermarsi)*
5 Che cosa   *(fare)*

5 **Completa con i pronomi o aggettivi negativi.** [5]

1 Non ho visto ....
2 Non so ....
3 Non sono andato da ....
4 Non ho mangiato ....
5 Non ha telefonato ....

6 **Scrivi sei parole del campeggio.** [3]

7 **Scrivi quattro frasi per dire:** [4]

1 se hai mai campeggiato
2 quando
3 dove e con chi
4 se ti è piaciuto

8 **Completa con i verbi al passato prossimo o all'imperfetto.** [13]

Oggi Mirella **aveva** *(avere)* un po' di tempo libero e **ha passato** *(passare)* un sabato molto piacevole.

Suo marito (1) ...... *(rimanere)* a casa con i bambini e lei (2) ...... *(andare)* in centro in autobus. Il tempo (3) ...... *(essere)* bello e non (4) ...... *(esserci)* troppa gente a quell'ora.
Alle tre Mirella (5) ...... *(incontrare)* la sua amica Cristina e insieme (6) ...... *(prendere)* qualcosa al bar Giolitti perché (7) ...... *(avere)* sete. Poi (8) ...... *(girare)* un po' per i negozi e (9) ...... *(comprare)* dei cd in un negozio di musica. Più tardi Mirella (10) ...... *(prendere)* la Metropolitana ed (11) ...... *(tornare)* a casa. (12) ...... *(essere)* le 8 e la cena (13) ...... *(essere)* già pronta in tavola.

9 **Cosa succederà l'anno prossimo?** [5]
Completa al futuro e scrivi *Sì* o *No*.

1 .... molti bambini? *(nascere)*
2 L'Euro .... di valore? *(aumentare)*
3 Ci .... una guerra? *(essere)*
4 La Iuventus .... il campionato di calcio? *(vincere)*
5 Le case .... di meno? *(costare)*

10 **Il tuo oroscopo per l'anno prossimo.** [4]

Il vostro segno sarà tra quelli favoriti dalle stelle, e affronterete il nuovo anno con una grinta e un ottimismo davvero eccezionali.
Ci saranno delle novità per quanto riguarda la famiglia, il lavoro e gli affari: se sarete tempisti e determinati, saranno sempre novità positive.
In campo sentimentale l'intesa sarà perfetta perché saprete esprimervi al meglio. Nelle prime settimane dell'anno potrete fare un incontro promettente.

Vero o Falso?
1 Questo sarà un anno straordinario.
2 Ci saranno novità positive solo nel lavoro.
3 Il rapporto sentimentale sarà felice.
4 Agli inizi dell'anno è probabile un viaggio.

Key to exercices

Unità 1

A ATTIVITÀ

1 (Cameriere e signora)

Cam: Buongiorno.
Sign: Buongiorno.
Cam: Dica?
Sign: Una birra, per favore.
Cam: Ecco una birra.
Sign: Scusi, quant'è?
Cam: Due euro e dieci.
Sign: Ecco due euro e dieci.
Cam: Grazie.
Sign: Prego.

2 (possible answers)

Vorrei una birra con ghiaccio.
Per favore un tè con limone e zucchero.
Un caffè con latte, senza zucchero per favore.
Per me un'aranciata.
Scusi, un aperitivo con ghiacccio e un frullato.
Vorrei una cioccolata.

3

1 Un cucchiaino di zucchero
2 Una bottiglia di acqua minerale
3 Un bicchiere di vino rosso
4 Un cubetto di ghiaccio
5 Una fetta di limone
6 Una tazza di tè.

A GRAMMATICA

1 acqua *(f)* – cappuccino *(m)* – aranciata (f) – birra *(f)* – aperitivo *(m)* – risotto *(m)* – pasta *(f)* – vino *(m)* – mozzarella *(f)* – parmigiano *(m)* – gelato *(m)*

2 (possible answers)

Donna: Simona – Raffaella – Daniela – Laura – Roberta
Uomo: Armando – Alessandro – Daniele – Roberto – Cesare

3 un elefante – un ombrello – un ospedale – un treno – una televisione – un telefono – una famiglia – una montagna – una pera

B ATTIVITÀ

1 1 Desidera?   2 Con ghiaccio?
3 E per la signora?   4 Con ghiaccio?   5 Quant'è?

2 caffè – acqua – vino – zucchero – gelato – latte

3 *Bellini:* un bicchiere di succo di pesca – un bicchiere di champagne – due cubetti di ghiaccio – due spruzzi di soda – due fette di limone per decorazione
Argentina: due bottigliette di succo di pera – due cucchiai di latte – due o quattro gocce di sciroppo di menta

B GRAMMATICA

1 a

1 la neve bianca   2 il caffè nero
3 il mare azzurro /blu   4 l'erba verde
5 la foglia verde   6 il cielo azzurro

1 b

1 papavero rosso   2 margherita bianca e gialla
3 giglio bianco   4 girasole giallo

2 1 europea   2 bianca   3 nero   4 nuova
5 bravo   6 affettuosa

3 1 quattro cornetti caldi   2 sette limoni siciliani
3 tre bottiglie piccole   4 sei bicchieri grandi
5 cinque birre fredde

C ATTIVITÀ

1 aereo – volo – bordo – passeggeri – pilota – volo – comandante – passeggeri

2

1   A sinistra dell'orologio c'è una finestra.
2   A destra dell'orologio c'è una televisione.
3   Vicino alla televisione c'è un tavolo.
4   Davanti alla televisione ci sono tre studenti.
5   A sinistra degli studenti c'è un computer.
6   A destra degli studenti ci sono libri.

3   a) tre per tre fa nove   b) quattro più due fa sei
c) sette meno uno fa sei   d) cinque meno due fa tre
e) sei meno due fa quattro   f) otto più uno fa nove
g) uno più uno fa due   h) cinque per due fa dieci
i) nove meno cinque fa quattro

4

a   A B *CD* E F G *H I L M N O* P Q R *S T* U *V Z*
b   X – W – J – K – Y

5   a) Polizia   b) Radio taxi   c) Teatro Comunale
d) Università

C GRAMMATICA

1   1 voli   2 montagne   3 aerei   4 paesi
5 comandanti   6 vacanze   7 momenti   8 laghi

3

a   1 Pisa   2 Roma   3 Venezia   4 Firenze
        5 Roma
b   1 Falso, è in Liguria.   2 Vero.
        3 Falso, è nel Veneto.   4 Vero.   5 Vero.
        6 Falso, è in Sicilia.   7 Falso, è in Toscana.
1   La torre pendente è a Pisa, in Toscana.
2   Il Colosseo si trova a Roma nel Lazio.
3   Il ponte di Rialto si trova a Venezia, nel Veneto.
4   Il Davide di Michelangelo si trova a Firenze, in
    Toscana.
5   San Pietro si trova a Roma, nel Lazio.

D ATTIVITÀ

1   cinese, danese, finlandese, francese, giapponese;
inglese, norvegese, olandese, portoghese, svedese;
greco, polacco, tedesco, spagnolo, italiano, turco
in: Cina, Danimarca, Finlandia, Francia, Giappone,
Inghilterra, Norvegia, Olanda, Portogallo, Svezia,
Grecia, Polonia, Germania, Spagna, Italia, Turchia

2   la Fiat: italiana – la Bmw: tedesca –
la Peugeot: francese – la Jaguar: inglese –
la Honda: giapponese – la Ferrari: italiana –
la Volvo: svedese – la Ford: americana.

3   (possible answer)

F: Scusi, Lei è italiana?
M: No, sono francese.
F: Di Parigi?
M: No, di Nizza. Di dov'è Lei?
F: Sono di Bonn, sono tedesco. Mi chiamo Frank
         Hertz. E Lei, come si chiama?
M: Michelle Leoni.
F: Ah, piacere! Parla bene italiano.
M: Bè, abbastanza. Mia madre è di Bologna.
F: Ah, e Lei va a Bologna?
M: No, vado a Milano.
F: In vacanza o per lavoro?
M: Per lavoro, vado per tre giorni.
F: Ah, io vado a Como, in vacanza, sette giorni di
         riposo totale.

D GRAMMATICA

1   1 La paella è spagnola.   2 Il sushi è giapponese.
3 La pizza è italiana.   4 Il croissant è francese.
5 La mussaka è greca.   6 La vodka è russa.

2

A: Come ti **chiami**?
P: **Mi chiamo** Patrizia.
A: Dove **vai**?
P: **Vado** a Bologna, per lavoro.
A: Di dove **sei**?
P: Io **sono** di Siena ma **abito** a Firenze.
A: Io **sono** di Milano e **abito** a Milano.
P: E la tua famiglia **è** milanese?
A: Mia madre **è** di Brescia e mio padre **è** napoletano.
P: Ah, mio padre **è** di Amalfi, vicino Napoli.
A: Amalfi, che posto magnifico! Allora tu **vai** spesso a
         Amalfi.
P: Generalmente **vado** a Amalfi d'estate, in vacanza.

3   1 No, non mi chiamo Marta.
2 No, non parlo olandese.
3 No, non abito a Palermo.
4 No, non sono di Pisa.
5 No, non prendo l'aperitivo.
6 No, non vado in Sardegna.

1f   2a   3h   4e   5c   6b   7d   8g

ULTIMA PAGINA

 Il signor Bruni va al bar due volte alla settimana. Prende un cornetto e beve un caffè.

La signorina Merlo va al bar una volta al mese. Prende una fetta di torta e un tè caldo.

Il signor Grassi va al bar due volte al giorno: mangia/prende un tramezzino e beve una birra.

Sergio Falcone va al bar ogni mattina. Prende un pacchetto di patatine e beve coca cola.

 1 molta gente   2 caffè e cornetto
3 meno di un euro   4 prima di pranzo
5 per incontrare gli amici

Unità 2

A ATTIVITÀ

1   Lavoro in un supermercato.
2   Arrivo in ufficio alle 9.
3   Sono di Milano.
4   Lavoro qui da molto tempo.
5   Faccio il papà.
6   Vendo libri.
7   Sono chimico industriale.

Antonio	infermiere	da molti anni	in un ospedale
			gli piace
Giacomo	chitarrista	3 anni	bar, amici gli piace
Marta	impiegata	dal 2002	in una banca
			non le piace

A GRAMMATICA

1 la dottoressa *(f)*   2 il meccanico *(m)*
3 il violinista *(m)*/la violinista *(f)*
4 il commesso *(m)*
5 il programmatore di computer *(m)*
6 l'impiegata *(f)*   7 il ministro *(m)*
8 il farmacista *(m)*/la farmacista *(f)*
9 l'artista *(m)*/ l'artista *(f)*

 1 faccio … fai   2 faccio   3 fa   4 fa   5 fa

 (possible answers)

1   Abito in questa casa da dieci anni.
2   Non parlo con mia madre da molto tempo.
3   Studio l'italiano da un anno.
4   Non scrivo una lettera/ un'email da due giorni.
5   Parlo inglese da tanti anni.
6   Non faccio una telefonata da mezz'ora.
7   Non faccio sport da due mesi.
8   Non prendo un tassì da un mese.

 (possible questions)

Ti piace lo sport?   Ti piacciono i gelati?
Ti piace l'internet?   Ti piacciono i film
Ti piacciono i concerti pop?   dell'orrore?
Ti piace la fotografia?   Ti piace la musica classica?
Ti piacciono le arti marziali?   Ti piacciono gli esami?
Ti piacciono i telefonini?   Ti piacciono le patate?
Ti piace ballare?   Ti piace ascoltare la radio?
Ti piace mandare email?   Ti piace sciare?
Ti piace leggere?   Ti piace guardare la TV?

B ATTIVITÀ

1	Appuntamento con il signor Marini	15,30
2	Appuntamento con il direttore	11,00
3	Al bar con i colleghi	13,30
4	Aeroporto, partenza per Londra	19,50

1   La pizzeria è aperta dalle undici alle quindici e dalle diciotto alle ventitre.
2   L'orario estivo del Museo del Corso è dalle dodici alle ventidue/dieci di sera.
3   Le Informazioni Turistiche sono aperte dalle nove e mezza alle dodici e mezza/mezzogiorno e mezzo, e dalle quattro e mezza alle sette e mezza.
4   La birreria è aperta dalle otto di sera alle due di notte.
5   La farmacia fa orario continuato dalle nove alle diciassette/cinque del pomeriggio.
6   Il parcheggio è aperto dall'una alle tre e dalle cinque alle sette/dalle diciasette alle diciannove.

1   alle sei e tre quarti/ diciotto e quarantacinque
2   alle undici e trentacinque
3   alle dieci
4   alle sette e mezza di sera/ diciannove e trenta

5 alle due e un quarto/ quattordici e quindici
6 a mezzanotte/ alle dodici/ alle ventiquattro

4 Esce di casa alle 5,35.

B GRAMMATICA

1 a) 12   b) 18   c) 57   d) 176   e) 15
f) 22   g) 45   h) 66   i) 17   j) 55

2 1 i treni   2 le case   3 gli studenti
4 gli autobus   5 le stazioni   6 le olive
7 gli scrittori   8 gli attori

3

1 Le lezioni finiscono alle due.
2 I mercati aprono alle sette e trenta.
3 I parcheggi chiudono alle ventitre.
4 Le banche aprono alle otto.
5 I teatri chiudono a mezzanotte.

C ATTIVITÀ

1

a) le sei e cinquanta/le sette meno dieci
b) le nove e quarantacinque/le nove e tre quarti/le dieci
    meno un quarto
c) le cinque e quaranta/le sei meno venti
d) le dodici e quindici/le dodici e un quarto/
    mezzogiorno e un quarto
e) l'una e trenta/l'una e mezza/le tredici e trenta

2

1 A che ora ti svegli?
   Mi sveglio sempre alle 7.
2 A che ora fai la doccia?
   Faccio la doccia di solito alle sette e un quarto.
3 A che ora fai colazione?
   Di solito faccio colazione alle sette e trenta.
4 A che ora vai al lavoro/all'università?
   Vado al lavoro/all'università alle otto meno un
   quarto/ sette e tre quarti.
5 A che ora arrivi?
   Arrivo di solito alle nove.
6 A che ora studi?
   Studio di solito dalle tre alle sei.
7 A che ora ceni?
   Ceno sempre alle otto e mezza.
8 A che ora guardi la TV?
   Guardo la TV di solito alle nove e trenta.

9 A che ora vai a letto?
   Vado sempre a letto a mezzanotte.

3 1 mi studio   2 prendo l'ufficio
3 arrivo in Roma   4 torno di Milano
5 faccio una giornata   6 esce dalle otto

4 1 lavora   2 si alza   3 prende   4 si lava
5 si veste   6 si prepara   7 esce   8 prende
9 arriva   10 lavora   11 beve   12 prende
13 torna   14 passa   15 finisce   16 prende
17 torna   18 si fa   19 cena   20 si rilassa
21 va

C GRAMMATICA

1

1 sveglio – alza – sveglia – alza
2 ti – mi – si – si
3 si prepara – ti alzi – mi rilasso

2

1 A che ora fa colazione Roberto? Non fa colazione.
   E tu, a che ora fai colazione?
2 A che ora arriva in ufficio Roberto? Arriva alle 9.
   E tu a che ora arrivi al lavoro?
3 A che ora comincia il lavoro Roberto? Comincia alle
   9.
   E tu a che ora cominci?
4 A che ora finisce di lavorare Roberto? Finisce all'una.
   E tu a che ora finisci?
5 A che ora mangia qualcosa Roberto? Mangia
   qualcosa all'una e un quarto.
   E tu a che ora mangi?
6 A che ora cena Roberto? Cena alle otto e mezza.
   E tu a che ora ceni?
7 A che ora va a letto Roberto? Va a letto a
   mezzanotte..
   E tu a che ora vai a letto?

4 R – L – L – R – R – L – R

D ATTIVITÀ

1 Primavera: marzo, aprile, maggio
Estate: giugno, luglio, agosto.

2

1 L'esposizione di arte contemporanea è a Roma, dal
   quattordici al ventisette ottobre.

2 I campionati di atletica sono a Genova, dal due al dieci maggio.

3 La rassegna del cinema è a Locarno, dal cinque al dodici agosto.

4 La fiera del disegno industriale è a Milano, dal nove al diciassette aprile.

5 La mostra del libro è a Bologna, dal dieci al quindici marzo.

3 1 dal 2002   2 dal 1966   3 dal 1982
4 dal 1930   5 dal 1997/da circa …

D GRAMMATICA

1

1 Quanti anni hai? – Quanti anni ha?
2 Hai una casa grande? – Ha una casa grande?
3 Di dove sei? – Di dov'è?
4 Sei americano? – È americano?
5 Hai molti amici a Roma? – Ha molti amici a Roma?

2

1 Sergio è nato a Arezzo il dodici luglio millenovecentosettantadue.
2 Vittoria è nata a Palermo il tre novembre millenovecentosessantatre.
3 Nico è nato a Perugia il ventitre giugno millenovecentoottantasei.
4 Patrizia è nata a Milano il ventisei dicembre millenovecentosettantaquattro.

ULTIMA PAGINA

1 tredici
2 di Napoli – Pina ha 16 anni
3 si chiama Carrubi
4 abita a Lucca
5 la più giovane è Franca
6 (piace) a Vito e Pina
7 (piacciono) a Franca
8 (piace) a Vito e Pina
9 (piacciono) a Pietro

Unità 3

A ATTIVITÀ

 (possible answers)

… mia zia, mia moglie, mia nonna, mia cugina, mia nipote…

… tuo zio, tuo fratello, tuo nonno, tuo cognato, tuo suocero…

2 1 Diana   2 uno   3 Laura   4 Diana
5 Laura   6 due   7 Bella (Renzo)

3 1 mia zia   2 mia madre   3 suo marito
4 la sua casa   5 suo figlio   6 sua figlia
7 i miei nipoti   8 tuo padre   9 tua madre

A GRAMMATICA

1

1 Questo è mio nipote.
2 Questi sono i miei fratelli.
3 Questi sono i miei genitori.
4 Questi sono i miei zii.
5 Queste sono le mie cugine.

2a 1 hai … ho   2 ha … ho   3 avete … abbiamo
4 Abbiamo … abbiamo   5 ha   6 hanno … Hanno

2b

M: Tu **sei** sposata?
G: No, non **sono** sposata. Abito in un appartamento con altre ragazze.
M: Quante **siete** in tutto?
G: **Siamo** in quattro, e andiamo molto d'accordo.
M: Ah, bello! Tu **sei** abituata a una famiglia grande?
G: Bèh sì, ho due fratelli. Loro **sono** molto giovani, non **sono** sposati.
M: Io ho solo una sorella, che **è** divorziata.
G: **È** molto più grande di te?
M: Veramente no, lei ha ventotto anni e io ventisei.

3 **a (Lei)** Questi sono i suoi occhiali? Questo è il suo portafoglio? Queste sono le sue chiavi di casa? Questa è la sua carta di credito? Questo è il suo fazzoletto? Questo è il suo telefonino? Questa è la sua penna? Questo è il suo borsellino?
b (tu) Questi sono i tuoi occhiali? Questo è il tuo portafoglio? Queste sono le tue chiavi di casa? Questa è la tua carta di credito? Questo è il tuo fazzoletto? Questo è il tuo telefonino? Questa è la tua penna? Questo è il tuo borsellino ?

B ATTIVITÀ

1 Primavera: F – V – F – V. Monalisa: V – F – F – F.
Enrico VIII: V o F – V – V – F.

2 calmo-impulsivo; simpatico-antipatico; noioso-divertente; sincero-bugiardo; triste-allegro; timido-aperto

3

a 1 uomo;   2 uomo;   3 donna;   4 donna;   5 donna;   6 uomo

b 1 – 6; 2 – 5

B GRAMMATICA

1

a Anche Lina è magra; anche Lina è grande; anche Lina è spiritosa.

b Ada invece è bionda; Ada invece è alta; Ada invece è magra; Ada invece è divertente/spiritosa.

c Maria è una bambina timida – è brava a scuola – Giulia è simpatica ma egoista – però è una ragazza vivace – sua madre è una donna intelligente.

 2

a occhi grandi – barbe bionde – spalle quadrate – ragazzi robusti – ragazze vivaci

b le fronti larghe – le barbe bianche – i piedi stanchi – i colli lunghi – le spalle larghe – i denti banchi

3 1 molta pazienza   2 molto interessante
3 mi piace molto   4 molta gente   5 molta frutta
6 molte volte   7 molto gentile   8 molto caldo
9 molto importante   10 molto; molti soldi

C ATTIVITÀ

1 1 un leone   2 un mulo   3 una tigre
4 una lumaca   5 un coniglio   6 una pecora
7 un pesce   8 da lupo   9 un'aquila

2

a 1 fox terrier   2 sharpei   3 pastore belga
b 1 pastore belga   2 sharpei   3 fox terrier
    4 pastore belga/ sharpei   5 sharpei
    6 fox terrier

C GRAMMATICA

1 1 I cani sono socievoli.   2 Gli scoiattoli sono veloci.   3 Le tartarughe sono lente.   4 I canarini sono gialli.   5 I cani–lupo sono feroci.   6 I pesci sono muti.   7 I maiali sono sporchi.   8 Gli elefanti sono intelligenti.

2 1 preferisci … preferisco   2 capisco
3 finiamo … preferiamo   4 capiamo … capite
5 finisce … finiscono

D ATTIVITÀ

1 – Come si scrive Russell? – E di cognome? – Di dov'è Lei? – Dove abita? – A che indirizzo?/qual'è l'indirizzo? – Che lavoro fa? – Dove insegna/lavora? – Da quanto tempo? – Lei è sposata? – Ha figli? – Quanti anni hanno? – Lei viaggia molto?

2 (possible answers)

Valerio Berti ha ventisei anni, è di Ancona, è sposato e non ha figli. Fa il programmatore di computer da cinque anni. Si sveglia verso le sette, esce di casa alle otto in punto, va al lavoro a piedi. Lavora dalle otto alle due. Pranza a casa. Si rilassa con la musica rock e qualche volta va a teatro.

Marina De Santis ha trentacinque anni, è di Venezia, è sposata e ha due figli. Fa l'operaia da dieci anni. Si alza molto presto, alle sei, e parte da casa verso le sette. Per andare al lavoro prende la bicicletta e poi il treno. Arriva in fabbrica alle otto e fa orario continuato fino alle cinque di sera. Pranza al bar della fabbrica. Le piacciono i libri gialli e la TV. Per le vacanze va in Italia.

ULTIMA PAGINA

 2 29 anni – 14 – inglese/britannica – maschio – domenica scorsa – 14 – cittadina industriale, in Yorkshire – felice

Unità 4

A ATTIVITÀ

1

a 1 appartamento   2 casa di campagna   3 casa a schiera   4 villa

b

a) Mia sorella e mio cognato abitano in un modernissimo appartamento al centro di Perugia, al 4° piano.

b) Mio nonno abita in una villetta di campagna a due piani con un grande giardino, 4 stanze e due bagni.

c) Guido abita con la sua famiglia in una casetta a schiera a due piani vicino al lago. Ci sono due balconi e un piccolo giardino.

2 (possible answers)

Mi piace la cucina grande – Preferisco un soggiorno accogliente e caldo – Mi piace lo studio luminoso – Preferisco una camera da letto tranquilla – Vorrei un bagno grande e fresco.

3 a

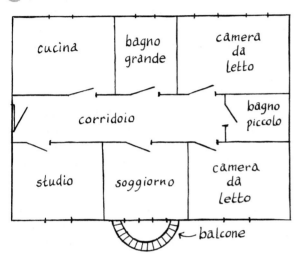

3 b

1 La cucina è di fronte allo studio.
2 Il bagno è a destra della cucina.
3 Le camere da letto sono in fondo al corridoio.
4 Il soggiorno è a destra dello studio.
5 Il bagno grande è di fronte al soggiorno.
6 Il bagno piccolo è fra le due camere da letto.

3 c (possible answer)

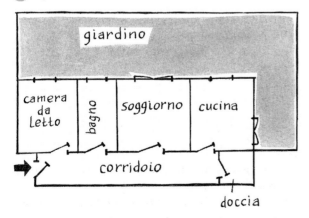

Abito in un appartamento a pianterreno. Non è molto grande: c'è la cucina, il soggiorno, una camera da letto e due bagni. Intorno all'appartamento c'è un bel giardino.

Entrando c'è un lungo corridoio. La prima stanza a sinistra è la camera da letto, abbastanza grande. A destra della camera da letto c'è il bagno e subito dopo il bagno c'è il soggiorno con una grande finestra che si apre sul giardino. A destra del soggiorno c'è la cucina con due grandi finestre. In fondo al corridoio, vicino alla cucina, c'è un piccolissimo bagno con la doccia.

A GRAMMATICA

1 1 Io abito – noi abitiamo
2 abitate – noi abitiamo
3 abita – abita – loro abitano   4 abita – abitano

3 1 mi lavo/mi vesto – si lavano/si vestono
2 ci vestiamo   3 ti vesti
4 si rilassano – ci rilassiamo   5 vi rilassate
6 mi lavo

4 1 lava   2 mettiamo in ordine
3 apparecchiano   4 puliscono
5 passa l'aspirapolvere   6 faccio la spesa   7 stiro
8 lava

B ATTIVITÀ

1 *cucina*: sedie frigorifero tavolo bicchieri piatti bottiglie
camera da letto: letto armadio cuscini lume
soggiorno: sedie poltrone divano lume quadri televisore tappeto
studio: scaffali libri sedie tavolo sedia lume
bagno: specchio

2 1 l'aspirapolvere   2 frigo   3 il forno
4 il video registratore   5 il telecomando   6 la radio
7 computer   8 il fon   9 la lavastoviglie

3 centotrentacinque – centododici – cinquecentotrenta – milletrecento – sessanta – quattrocentoventitre e sessantacinque

B GRAMMATICA

1

a 1 nello studio   2 nella cucina/ in cucina
3 nel soggiorno   4 nel bagno   5 nel vaso
6 nel soggiorno

b 1 davanti alla finestra   2 nel centro della stanza
3 a destra della porta   4 vicino alla poltrona
5 di fronte allo scaffale   6 a sinistra della porta

2

1 I cuscini sono sui divani.
2 Le lampade sono sui tavolini.
3 I quadri sono sui muri.
4 Le sedie sono vicino ai tavoli.
5 Le piante sono vicino alle finestre.

3 (possible answers)

Fabio: gli piace lo sport – gli piace nuotare – gli piace
camminare – gli piace il suo lavoro – gli piacciono i libri
gialli – non gli piace la TV – gli piace giocare a tennis,
dormire fino a tardi e uscire con gli amici.
Bice: le piace la TV, le piace la coca-cola, non le
piacciono i libri, le piacciono i suoi amici, le piace
parlare al telefono, non le piacciono gli sport, le piace
andare in discoteca, le piace riposare la domenica, le
piacciono le passeggiate/ le piace passeggiare

4

1-e No, non la conosco, non ci sono mai stata.
2-c Certo, le ho incontrate a casa tua.
3-f Veramente la guardo molto poco.
4-d Lo studiamo da due anni ma non lo parliamo bene.
5-a Io invece li trovo divertenti.
6-b Noi li troviamo al centro.

C ATTIVITÀ

1   1 che /quale   2 dove   3 come   4 quante
5 quante   6 quando   7 quanti   8 quale

2 (possible answers)

Hotel: Buonasera, desidera?
Turista: Vorrei una camera doppia.
H: Con bagno o con doccia?
T: Con bagno e telefono per favore.
H: Per quante notti?
T: Per due notti.
H: Per quando?
T: Sabato 5 e domenica 6 luglio.
H: Bene, abbiamo una camera. Vuole mezza
pensione o pensione completa?
T: Mezza pensione. Quant'è/quanto viene?
H: 68 euro a persona al giorno. Va bene?
T: Sì, bene, grazie.

3 moderno – antico; futuristico – tradizionale; nuovo
– vecchio; familiare – di lusso; centrale – fuori città;
costoso – economico.

C GRAMMATICA

1   1 Ce ne sono 102.   2 Ce n'è uno.
3 Ce ne sono 30.   4 Ce ne sono 28.
5 Sì, ce n'è uno al pianterreno.   6 Ce ne sono due.
7 Sì, ce n'è una molto grande.   8 Ce ne sono 46.
9 Ce ne sono 33.

2

1 Ne ho circa 100.   2 Ne compro due o tre.   3
Ne ho visto uno bellissimo ieri.   4 Ne ho due, un
gatto e una vecchia tartaruga.   5 Ce ne sono
molti, tutti buoni.   6 Probabilmente ne ha cinque
o sei.

3

8	Vanini
7	Cinelli
6	Signora Panizzi
5	Gatti
4	Anna Marini
3	Antinori
2	IN VENDITA
1	Colangeli
P	Studio Legale

1 all'ottavo piano   2 al settimo piano
3 al quinto piano   4 al terzo piano
5 al primo piano   6 al quarto piano
7 al secondo piano

D ATTIVITÀ

2 (possible answer)

Hotel: Pronto? Hotel Astoria. Buongiorno.
PG: Buongiorno. Vorrei fare una prenotazione.
H: Che camera desidera?
PG: Vorrei due camere singole, con bagno.
H: Per quando?
PG: Dal sette al diciotto aprile.
H: Vediamo – sì, va bene. Pensione completa?

PG: No, mezza pensione, grazie. E scusi, è possibile avere la colazione in camera?

H: Sì, certo, ma c'è un supplemento.

PG: Quanto viene?

H: La camera viene 60 euro al giorno, il servizio 2 euro.

PG: Benissimo. E vorrei anche la TV in camera per favore.

3 1-D   2-A   3-B   4-C

D GRAMMATICA

1

a) dal ventuno al ventinove luglio
b) dall'otto al dodici agosto
c) dal trenta agosto al sei settembre
d) dall'undici al diciannove aprile
e) dal primo all'otto ottobre
f) dal diciassette al trentuno dicembre

2

a 1 per   2 nel   3 dal   4 al   5 in   6 dal
7 alla   8 del   9 per   10 della   11 di
12 in   13 di

b 1F – 2V – 3V – 4F – 5F

Unità 5

A ATTIVITÀ

1 a

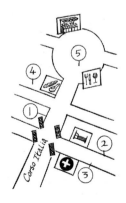

1 b

1F   2F   3V   4V   5F

2

1 Uscendo dalla *farmacia* giri a sinistra, al semaforo giri a destra e vada avanti sempre dritto fino alla piazza: il *ristorante* è all'angolo a destra.

2 Uscendo dall'*albergo* giri a destra. Al semaforo giri a destra, attraversi il corso, prenda la prima a sinistra e il *cinema* è lì, dopo il negozio di alimentari.

3 Uscendo dal *supermercato*, vada a destra, al semaforo attraversi la strada e vada avanti per cinquanta metri: *l'edicola* è dopo la farmacia, sulla destra.

4 Dalla *fontana* attraversi la piazza e vada sempre dritto per il corso. Al semaforo giri a sinistra. *La fermata dell'autobus* si trova accanto all'albergo.

5 Uscendo dal *cinema* vada a sinistra fino al corso; qui giri a destra e *il semaforo* è lì, al primo incrocio.

3

1 Viale Macchiavelli 78a 10024, Pistoia.
2 Piazza Galileo 68, Amalfi (Salerno).
3 Vicolo dei Serpenti 24, 11600 Roma.
4 Via XX Settembre 45, Padova.
5 Corso Manzoni n.65 int.2b, Torre del Lago (Perugia).

A GRAMMATICA

1 (possible answers)

vicino al mercato —accanto allo stadio – di fronte alla stazione – vicino all'aeroporto – davanti allo zoo – dietro ai negozi – accanto alle fontane – vicino agli alberi.

2 1 prenda   2 giri   3 Prenda   4 scenda
5 Vada   6 Giri   7 continui   8 attraversi

3 1 vada   2 prenda   3 attraversi   4 cammini
5 scenda   6 continui   7 compri

B ATTIVITÀ

1 a

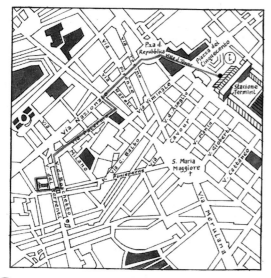

1 b

Uscendo dall'albergo giri a sinistra, attraversi Via dei Serpenti e continui per Via Panisperna. Dopo 300 metri giri a sinistra, continui fino in fondo e prenda la prima a destra, Via Palermo. Continui fino in fondo e giri a sinistra. Vada sempre dritto per due minuti, poi prenda la prima a destra, Via Nazionale. Continui sempre dritto per 10 minuti fino a Piazza della Repubblica, poi prenda la prima a destra (Viale delle Terme) e continui per 5 minuti. Attraversi Piazza dei Cinquecento e la Stazione Termini è lì di fronte, in fondo alla piazza.

B GRAMMATICA

1 1 Che begli occhi!   2 Che bei bambini!
3 Che bella casa!   4 Che bel giardino!
5 Che belle insalate!   6 Che bel cane!
7 Che bella macchina!   8 Che bell'isola!
9 Che bella città!

2 1 Sono verdissimi.   2 Costano pochissimo.
3 Sono buonissimi.   4 È simpaticissima.
5 Sono puntualissimi.   6 Ce ne sono moltissimi.
7 Ce ne sono pochissime.

3 1 puoi/potete   2 possono
3 (si) può … (si) possono
4 posso/si possono … (lei) può

C ATTIVITÀ

1 1 bicicletta   2 aereo   3 macchina
4 autobus   5 nave   6 barca   7 metropolitana
8 treno   9 tassì

2 (possible answers)

Se piove prendo la macchina perché è comoda.
Se non ho tempo vado in tassì perché è veloce.
Se c'è il sole vado a piedi perché è rilassante.
Se vado all'estero prendo l'aereo perché arrivo prima.
Se ho molto tempo vado a piedi/ prendo la bicicletta perché mi fa bene.
Se vado a Liverpool prendo il treno perché guardo il paesaggio.

C GRAMMATICA

1 1 vai   2 va   3 andate   4 andiamo
5 vanno   6 vado

2

a) ci vuole un'ora e quindici minuti/ e un quarto
b) ci vuole un'ora
c) ci vogliono quaranta minuti
d) ci vuole un'ora e dieci minuti
e) ci vuole un'ora e trentacinque minuti
f) ci vogliono due ore e quindici minuti/ e un quarto
g) ci vogliono sette ore

3 Bisogna andare sempre dritto. *(straight on)*
Non si può girare a destra. *(no right turn)*
Bisogna fare attenzione. *(watch out)*
Non si può superare 50km l'ora. *(50 kph speed limit)*
Bisogna fermarsi. *(stop)*
Non si può suonare il clackson. *(do not sound horn)*

D ATTIVITÀ

1 (model answers)

a Sono a Firenze da due giorni. Mi piace molto la gente. I musei e i giardini sono fantastici. Stasera faccio una bella passeggiata sul Ponte Vecchio. Torno domenica.

b Il tempo è buono e il mare calmo. La mattina nuoto molto, la sera vado in discoteca e incontro sempre gente nuova. Stasera andiamo tutti insieme a un concerto. Ciao a tutti!

c Vado spesso a pescare al lago. Vedo Mirella tutti i giorni e la sera mangiamo sempre fuori. Andiamo dappertutto in bicicletta e ci divertiamo un sacco. A presto!

D GRAMMATICA

 1 1 alle sei   2 dagli Stati Uniti   3 per il Perù   4 da 41 centesimi   5 per Parigi   6 dall'Australia   7 dal tabaccaio

ULTIMA PAGINA

2 1 Milano   2 Pisa   3 Torino   4 Verona   5 Venezia   6 Roma

3

1 in Francia, Gran Bretagna (Inghilterra) e Spagna
2 della loro città/di tutto
3 trasporto buono, parcheggi buoni
4 città dinamica, si lavora bene, lo shopping è buono
5 la macchina
6 il motorino/la moto

Unità 6

A ATTIVITÀ

1 1 l'uva   2 le carote   3 le patate   4 i peperoni   5 la lattuga   6 il melone

2 1 sportelli … impiegati   2 l'orario di apertura   3 assegno   4 soldi … monete   5 moduli   6 coda   7 passaporto   8 firma

3a

Impiegato: Buongiorno. Desidera?
Cliente: Vorrei cambiare questo assegno.
I: Vediamo…L'assegno è in sterline.
C: Sì. Me lo può cambiare in euro?
I: Sì, certo. Lei ha un documento?
C: Ecco il mio passaporto.
I: Bene. Grazie. Si accomodi alla cassa.

3b

Impiegato: Buongiorno. Desidera?
Joyce: Vorrei aprire un conto.
I: Benissimo. Come si chiama?

J: Joyce Beryman.
I: È inglese?
J: Sì, ma abito in Italia.
I: Bene. Il suo indirizzo per favore?
J: Piazza *Milano 27*, Bergamo.
I: Ha un documento?
J: Sì, ecco *la patente/il passaporto/la carta d'identità*.
I: Quanti euro vuole depositare?
J: *1.200 euro.*
I: Dunque, 1.200 euro. Può mettere la sua firma qui?

Vocabolario extra

cambiare un assegno/soldi
aprire un conto
ritirare soldi
firmare un assegno/un documento
riempire un modulo

A GRAMMATICA

 1

1 L'insalata è un euro e dieci.
2 Le mele sono un euro e venticinque al chilo.
3 L'uva è un euro e cinquantacinque al chilo.
4 Le arance sono un euro e ottanta al chilo.
5 I pomodori sono un euro e trenta al chilo.
6 Le patate sono un euro al chilo.
7 Il prosciutto crudo è un euro e cinquantacinque all'etto.
8 Lo zucchero è 93 centesimi al chilo.
9 La marmellata è un euro e venti per 250 grammi/ al barattolo.

2 1 1kg di zucchero   2 le arance   3 più cara   4 costa 55 centesimi   5 3 euro 10 centesimi   6 meno

3 a, b

1 30 franchi svizzeri valgono 20,1 euro.
2 Una corona danese vale 1 euro e 34 centesimi.
3 60 dollari USA valgono 60 euro.
4 Duecento euro valgono 200 dollari.
5 Un dollaro canadese vale 70 centesimi.
6 300 sterline valgono 450 euro.
7 100 yen valgono 89 euro.
8 La valuta straniera più forte rispetto all'euro è la sterlina.

B ATTIVITÀ

1 a

in pasticceria, in farmacia, in salumeria, in gelateria, in macelleria

dal fornaio, dal tabaccaio, dal vinaio, dal giornalaio, dal fruttivendolo

al negozio di alimentari, al mercato, al supermercato

1 b

I giornali si comprano dal giornalaio; i francobolli dal tabaccaio;

il prosciutto e il formaggio in salumeria; gli antibiotici in farmacia;

la torta di cioccolata in pasticceria; gli spinaci dal fruttivendolo;

il pane fresco dal fornaio; la carne in macelleria; il basilico e le arance dal fruttivendolo.

2

una scatola di tonno; una bottiglia di vino; un vasetto di marmellata; un cartone di succo d'arancia; un pacchetto di patatine; una lattina di coca cola

3 a (possible answers)

Tu: Buongiorno. Vorrei un po' di pomodori.
Venditore: *Vediamo. Quanti (pomodori)?*
Tu: Dunque, per due persone, mezzo chilo. Mi dia anche un limone, per favore.
V: *Altro?*
Tu: Sì, un chilo di patate e un cestino di fragole.
V: *(Un chilo di patate ... un cestino di fragole) Ecco a lei.*
Tu: Grazie. Quant'è in tutto?

3 b (possible answers)

Commesso: Buongiorno, dica.
Tu: *Prima di tutto vorrei una mozzarella.*
C: E poi?
Tu: *Poi....due etti di prosciutto di Parma.*
C: Altro?
Tu: Sì, *mezzo chilo di pane e un pacchetto di grissini per favore.*
C: Basta così?
Tu: *No – vorrei anche due birre Peroni e un litro d'olio d'oliva.*
C: Benissimo, ecco a lei le birre e l'olio.
Tu: *Quant' è?*
C : Sono ventidue euro in tutto.

B GRAMMATICA

1

1 Due chili di mele per favore.
2 Mi dà un chilo di pane?
3 Vorrei due guide di Roma.
4 Dunque, due etti di prosciutto.
5 E anche un etto/ 100 gr/ di burro.
6 Mi dà un litro di latte?
7 Vorrei due penne rosse.
8 Mi può dare due giornali inglesi?
9 E anche due cartoline.

2
1 del prosciutto e del burro
2 delle mele fantastiche   3 del latte e dei giornali
4 delle patate e dei funghi
5 del caffè e dello zucchero   6 degli amici
7 delle lezioni   8 degli interessi

3

a delle olive nere, del tonno, un pollo, delle patate, dei pomodori per l'insalata, dell'olio, del basilico, del gelato, del vino bianco.

b un etto di olive nere, una scatola di tonno, un pollo fresco, un chilo di patate, mezzo chilo di pomodori, un litro d'olio, un po' di basilico, due etti di gelato, una bottiglia di vino bianco di Orvieto.

4

1 Quanto ne vuole? Un pacco, per favore.
2 Quanto ne vuole? un etto per favore.
3 Quante ne vuole? due chili, grazie.
4 Quanti ne vuole? 3 etti/ 300 grammi.
5 Quanto ne vuole? 2 etti.
6 Quanto ne vuole? Mezzo litro.
7 Quanta ne vuole? Due chili, grazie.
8 Quanti ne vuole? Un chilo, per favore.

C ATTIVITÀ

1
Con il caffè si fa il cappuccino.
Con il riso si fa il risotto.
Con il latte si fa il formaggio.
Con l'uva si fa il vino.
Con i pomodori si fa il sugo per la pasta.
Con le olive si fa l'olio di oliva.
Con la lattuga si fa l'insalata.
Con la carne si fanno le cotolette.

2 in fretta – vedere – pasta – alla bolognese

(possible answers)

Mi piace la pasta al dente.
Prendiamo il pesce alla griglia.
La pasta si bolle per 7 minuti.
L'acqua bolle per la pasta.
Non mi piace friggere il pesce.
La bistecca mi piace al sangue/ben cotta.
Il pesce mi piace ben cotto.
Preferisco il sugo alla bolognese.

3

1 si fa bollire l'acqua
2 si scalda la teiera
3 si mettono due bustine/due cucchiaini di tè nella teiera
4 si versa l'acqua nella teiera
5 si aspetta un po'
6 si versa il tè nelle tazze
7 si aggiunge latte o limone
8 chi vuole mette zucchero a piacere

C GRAMMATICA

1 un gelato al pistacchio – allo yogurt – alla cioccolata – al limone – all'amarena – allo zenzero – al caffè – alla nocciola

2 per me, pizza ai funghi – agli zucchini – alle cipolle – ai peperoni – alle erbe – ai quattro formaggi – agli spinaci – alle olive

3 *per il pesce:* si prendono due filetti, si mettono nella pastella e si friggono nell'olio.
per le patate: si prendono le patate, si pelano, si tagliano, si friggono nell'olio.
Si aggiunge sale e aceto.

D ATTIVITÀ

1 1 mangiate con gusto!
2 cibo per iniziare il pasto   3 un tipo di pane
4 formaggio che si gratta   5 al forno
6 invenzione cinese   7 frutta fresca

2

1 Per colazione Sara prende solo caffè e latte/caffellatte.
2 Mina e sua figlia prendono yogurt, frutta, caffè e pane.

3 Paolo prende una tazza di tè e biscotti.
4 Fiorina beve solo un caffè.
5 Gianfranco e sua moglie bevono un cappuccino e mangiano un cornetto.
6 I ragazzi mangiano un uovo, pane burro e marmellata, e bevono succo d'arancia e una tazza di tè.
7 Anna Maria non fa colazione/ non prende niente.

3

1 i ragazzi   2 Anna Maria   3 Mina e figlia
4 Sara   5 Fiorina   6 Gianfranco e moglie
7 Paolo

Vocabolario extra

la gioia	
la vivacità	
	calmo/a
la bellezza	
	buono/a

D GRAMMATICA

1 1 fa   2 dà   3 sta   4 stiamo   5 fate
6 danno   7 sta   8 date   9 facciamo   10 dai

2 1 io studio   2 leggiamo   3 vediamo
4 andate   5 partiamo   6 cucina   7 dormite
8 camminiamo

3 1 andando   2 avendo   3 prendendo
4 guardando   5 uscendo   6 cucinando
7 mangiando   8 aspettando

Vocabolario extra

1–d   2–a   3–c   4–b

Unità 7

TEST 1–3
UNIT 1 TEST

1 1 quattro bibite fresche   2 tre bicchieri di latte
3 due gelati piccoli   4 tre tè freddi

2 a) una casa   b) una donna   c) un ragazzo
d) una stazione   e) uno studente   f) un cameriere

3 1 a sud-est dell'Inghilterra   2 a sud della Francia
3 a Nord dell'Italia   4 a ovest della Germania

4 è – sono – sei – è – è – è

5 1 italiana   2 spagnolo   3 francese
4 tedesca   5 turco   6 greco

UNIT 2 TEST

1 (possible answers)

a) dottore – pilota – postino – insegnante

b) ospedale – aeroporto – ufficio postale – scuola

2 1 Che lavoro fai?   2 Come ti chiami?
3 Da quanto tempo fai questo lavoro?
4 Dove lavori?

3
- Come **si chiama**?
- **Lei è** inglese?
- **Parla** bene l'italiano. Lo **studia** da molto?
- E **vive** in Italia adesso?
- E **Lei** di dov' **è**?
- **Prende** un caffè?

5 a) quindici   b) sessantasei   c) settantasei
d) quarantuno   e) quarantotto   f) ottantotto

6
a) sono le sei e quindici
b) sono le otto e mezza/trenta
c) sono le tre e cinque
d) sono le dieci e quaranta/le undici meno venti
e) è l'una e venti
f) sono le dodici e trentasette

7
Le banche sono aperte dalle otto alle tre.
Le scuole sono aperte dalle otto e trenta all'una e trenta.
Le poste sono aperte dalle otto alle dodici.
I supermercati sono aperti dalle otto alle due e dalle quattro alle otto.

8
1 A che ora cominci a lavorare?
2 A che ora finisci di lavorare?
3 A che ora torni a casa?
4 A che ora vai al bar?

9
1 In Italia le banche aprono alle nove e chiudono alle quattro.
2 La Banca d'Italia apre alle nove e mezza e chiude alle quattro e mezza.
3 Le lezioni di solito cominciano alle otto e finiscono alle due.
4 La lezione d'italiano comincia alle dieci e finisce alle dodici/ a mezzogiorno.

10
1 A che ora arrivi al lavoro?
2 L'orario di Bice è dalle otto alle due.
3 Loro tornano a casa verso le otto e mezza.
4 I negozi nel pomeriggio aprono alle quattro e chiudono alle otto.

11 1 prende   2 vanno   3 guardiamo
4 mangiano   5 ti alzi

12 1 avete   2 ha   3 abbiamo   4 ho   5 ha
6 hanno

13 sono – è – ha – siamo – è – sei – hanno

14
a) Il compleanno di Maurizio è il quattro dicembre.
b) Il compleanno di Anna Maria è il ventitre giugno.
c) Il compleanno di Barbara è il quindici luglio.
d) Il compleanno di Carlo è il trenta maggio.

UNIT 3 TEST

1 (possible answers)

1 Quanti fratelli hai?   2 Quante sorelle avete?
3 Come si chiama tua madre?   4 Dove abitate?
5 Sei figlio unico?

2 1 mia sorella   2 mia moglie
3 le mie sorelle/zie/cugine   4 mio padre
5 mia madre   6 i miei fratelli/zii/nonni/ cugini

3 1 i miei libri   2 le mie sorelle   3 il mio cane
4 la tua famiglia   5 tuo fratello   6 i tuoi amici
7 le sue vacanze   8 i suoi nonni
9 la sua migliore amica

4 Tiziana è gentile – pratica – intelligente
Matteo è impulsivo – coraggioso – spiritoso

5 1 la tigre   2 l'ippopotamo   3 lo struzzo
4 il leone   5 la zebra

6 1 I leoni sono fortissimi.   2 Le zebre sono veloci.
3 Le tigri sono feroci.   4 Gli ippopotami sono buffi.
5 Gli struzzi sono divertenti.

7 Fabio è operaio – è bruno – allegro – estroverso –
sposato – Sua moglie – bionda – pratica – affettuosa –
impiegata

TEST 4–6
UNIT 4 TEST

1 (possible answers)

appartamento – casa a schiera – villetta – palazzina

2 1 la camera da letto   2 il soggiorno
3 il bagno   4 la cucina   5 il garage
6 il giardino   7 il balcone

3

1 Le poltrone sono comode.
2 I cuscini sono belli.
3 Le finestre sono grandi.
4 Le sedie sono moderne.
5 I lumi sono accesi.
6 I quadri sono astratti.

4 1 appartamento   2 piano   3 camere da letto
4 bagni   5 appena si entra   6 in fondo al corridoio
7 balcone   8 fiori

5

1 La pianta è davanti alla finestra, a sinistra del
caminetto.
2 Le sedie sono intorno al tavolo al centro della stanza.
3 I libri sono sugli scaffali a destra del caminetto.
4 Il tavolo è al centro della stanza.
5 La finestra è a sinistra del caminetto.

6 (possible answers)

la lavastoviglie – la lavatrice – il fon – l'aspirapolvere

7

a) trecentocinquantacinque euro
b) duecentoquarantotto euro e cinquanta (centesimi)
c) sedici euro e novanta (centesimi)
d) undici euro e trenta centesimi

8 1 le portano   2 la chiudono   3 li metto
4 li legge   5 la compra

9

1 No, gli piace Bocelli.
2 No, le piacciono i cani.
3 No, gli piace andare in treno.
4 No, le piacciono i film italiani.
5 No, gli piace guardare la TV.

10 1 Pavarotti   2 Beckham   3 Prada
4 Benetton

11

a) Vorrei prenotare tre camere singole dal diciotto al
venti marzo.
b) Vorrei prenotare una camera doppia dal venticinque
giugno al tre luglio.
d) Vorrei prenotare una camera singola dal trenta
maggio al sette giugno.

UNIT 5 TEST

1 1 un albergo   2 una discoteca   3 un teatro
4 una banca   5 un museo/ una galleria
6 una chiesa

2

1 C'è un un telefono nel bar?
2 È questo l'Albergo Sole?
3 Mi può dire dov'è il Duomo?
4 Vorrei un biglietto per Pisa.
5 Mi può dare un consiglio?
6 Ci sono dei gabinetti pubblici qui vicino?
7 Sto cercando un ristorante economico.

3

1 di fronte al museo, vicino alla chiesa
2 all'angolo, vicino al cinema
3 accanto al semaforo, davanti al parcheggio
4 vicino alla fermata, di fronte all'edicola
5 vicino allo zoo

4 1 vada   2 prenda   3 giri   4 vada
5 attraversi   6 giri

5

1 Il giornalaio è dopo il semaforo, sulla piazza a destra.
2 Sempre dritto, attraversi la piazza, giri a destra e
prenda la prima a sinistra.

3 Vada avanti dopo il semaforo, attraversi la piazza ed è lì.

4 Al semaforo, giri a destra e il fornaio è sulla sinistra.

5 Proprio qui, a due passi dopo il semaforo a sinistra.

6 Giri a destra al semaforo e vada avanti cinquanta metri. È sulla destra.

6 1 bel bambino   2 begli occhi   3 bella vacanza
4 belle canzoni   5 bei monumenti

7 1 ci vogliono   2 ci vuole   3 ci vogliono
4 ci vuole   5 ci vuole

8

1 Quanto tempo ci vuole?
2 (Quante volte) si deve cambiare?
3 Dove sono i tassì?
4 C'è un autobus per il Colosseo?

9 (possible answer)

Verona.
Sono qui da una settimana. Che città straordinaria!
Domani vado a Milano (ci vuole solo un'ora). Sto
benissimo e mi diverto. Ci vediamo sabato, baci a tutti.

10 dal – per – di – per – da

UNIT 6 TEST

1 (possible answers)

arance – pomodori – patate – prugne

2 a) 756   b) 6230   c) 898   d) 1111
e) 3276

3 a) 115   b) 221   c) 3425   d) 561

4 1 dal tabaccaio   2 al mercato/dal fruttivendolo
3 in macelleria   4 in salumeria

5 dei biscotti – del caffè – delle uova – dello zucchero
– del cacao – della panna – del cognac

6 1 bottiglie   2 etti   3 grammi   4 chilo
5 chilo

7

una fetta di pancetta
mezzo chilo di pomodori maturi
un etto e mezzo di carne macinata
due cucchiai di olio

mezzo bicchiere di latte
una carota
mezza cipolla
uno spicchio d'aglio

8 1 costano   2 costa   3 costano – costa
4 costa   5 costano

10

spaghetti al pomodoro
spinaci all'olio
pollo allo zenzero
bistecca ai ferri
gelato alla nocciola

11

1 Si lava la lattuga.
2 Si tagliano i pomodori.
3 Si affetta il cetriolo.
4 Si aggiungono fettine di peperone.
5 Si aggiunge basilico fresco.
6 Si condisce con olio, aglio e limone.

12 (possible answers)
(i bicchieri) – le forchette – i coltelli – i cucchiai –
i piatti – sale e pepe

Unità 8

A ATTIVITÀ

1 1 scarpe di cuoio/pelle   2 gonna di lana/ cotone
3 golf di lana   4 maglietta di cotone
5 biancheria di seta   6 pantaloni di velluto/lana/
cotone   7 borsa di pelle/di plastica/di tela
8 braccialetti d'argento   9 camicia di lino
10 occhiali d'oro.   11 scialle di lana/seta

2 (possible answers)

1 Un vestito da uomo di cotone per me.
2 Un paio di scarpe da donna per Titta.
3 Una maglia (da donna) di lana per mia madre.
4 Uno scialle (da donna) di lana per lei.
5 Un' elegante gonna da sera per Mimmi.
6 Un paio di pantaloni da uomo di velluto per Paolo.

3 1 all'edicola/dal giornalaio
2 dal gioielliere/in gioielleria
3 alla boutique/al negozio di abbigliamento

4 in pelletteria   5 al negozio di calzature
6 al negozio di abbigliamento   7 in gioielleria

A GRAMMATICA

1 a (possible answers)

1   Io preferisco il cinema.
2   Voi preferite uscire domani.
3   Noi preferiamo cenare a casa.
4   Mio padre preferisce il ristorante.
5   Vanna e Mario preferiscono l'opera.

1 b

1 capisce   2 finisce   3 finiamo   4 capite
5 capiscono   6 preferisce   7 preferiscono
8 finiscono

2 1 Lo prendo   2 La voglio
3 Li regaliamo a Bice   4 Li vorrei provare
5 Le vedi?

3 1 le … le   2 gli … gli   3 le   4 gli   5 le
6 gli

B ATTIVITÀ

1 1e   2d   3a   4f   5c   6b

2 a

Commesso:	Buongiorno. Desidera?
Marta:	Vorrei un paio di sandali da donna.
C:	Come li vuole?
M:	Di pelle, con il tacco basso.
C:	Di che colore?
M:	Bianchi.
C:	Che numero?
M:	38. Quanto costano?
C:	45 euro.
M:	Le piacciono signora?
C:	Si, mi piacciono, li prendo.

2 b

Commesso:	Buongiorno. Dica.
Paolo:	Vorrei vedere un borsone sportivo.
C:	Di pelle?
P:	No, di tela.
C:	Di che colore?
P:	Blu o verde.
C:	Le piace questo verde? Costa 28 euro.
P:	Non mi piace. Non lo prendo.

3 1c   2e   3d   4b   5a

4 Quanti euro spende per i vestiti?
Ogni quanto compra un nuovo vestito?
Che tipo di vestiti compra? Compra vestiti eleganti o sportivi?
Che tipo di scarpe compra? Che numero porta?
Qual'è l'ultima cosa che ha comprato?

B GRAMMATICA

1

1   Questa tovaglia bianca non mi piace, vorrei quella blu.
2   Queste candele gialle non mi piacciono, vorrei quelle bianche.
3   Questi piatti azzurri non mi piacciono, vorrei quelli gialli.
4   Questi bicchieri verdi non mi piacciono, vorrei quelli azzurri.
5   Questo tappeto cinese non mi piace, vorrei quello indiano.
6   Questa motocicletta rosa non mi piace, vorrei quella rossa.
7   Queste sedie moderne non mi piacciono, vorrei quelle antiche.
8   Questo romanzo francese non mi piace, vorrei quello russo.

2 1 Quelle scarpe   2 quel giaccone
3 quella sciarpa   4 quei guanti   5 Quello specchio
6 quell'anello   7 quegli amici

3 1 li spende   2 la usa   3 lo firma
4 le compra   5 lo trova   6 la accontenta

C ATTIVITÀ

1 (possible answer)

La ragazza porta una gonna gialla a fiori, una maglietta blu e un paio di sandali bianchi.

2 (possible answers)

1   Al mare vestiti leggeri.
2   In montagna golfetti pesanti.
3   A casa vestiti comodi.
4   Al weekend calzoni eleganti.
5   A una festa un vestito elegante.
6   A casa di Maria un golfetto caldo.

7 A casa di amici un vestito raffinato.
8 Al lavoro vestiti comodi e semplici.

3 a

A2, B1

3 b

	A	**B**
Tipo di modello	sportivo	estivo
Pantaloni	chiari morbidi	beige morbidi

Top	maglietta
	maniche
	  lunghe
	disegni
		camicia
		maniche
		  lunghe

Scarpe	sportive, comode	morbide, comode
Accessori	borsello	cravatta, cintura

C GRAMMATICA

1 1 dei   2 degli   3 dei   4 delle   5 delle
6 degli   7 delle   8 dei   9 delle

2 dei bei giocattoli – un bel pallone – delle belle
scarpe – un bello scialle – due bei libri – un bell'orologio
– un bel mazzo – una bella torta – quattro belle candele

3 1 molte nuvole bianche   2 lunghi
3 troppo larghi   4 le giacche inglesi
5 dei biologhi italiani   6 delle amiche carissime
7 dei giochi bellissimi

4 1 un centinaio di amici   2 un paio di persone
3 un migliaio di euro   4 centinaia di cartoline
5 migliaia di persone

D ATTIVITÀ

1 1 a teatro   2 da noi   3 di Michele/Teresa
4 da Teresa/Michele   5 un po' di tempo
6 da mia madre

2 1f Sto ascoltando il mio nuovo CD.
2c Non proprio, sta ancora mangiando.
3d Non lo so, ci sto ancora pensando.

4e Si, eccoli, stanno arrivando.
5b Un attimo, mi sto mettendo il cappotto.
6a Mi dispiace, ma lo sto ancora leggendo.

3 (possible answers)

… venire a cena stasera
… perché sta lavorando al computer
… davanti al cinema alle 8
… sta già aspettando
… non andiamo tutti da lui domenica sera?

D GRAMMATICA

1 1 un buono stipendio   2 una buona colazione
3 un bravo linguista   4 una bella casa
5 un bel/ buon libro   6 una bella canzone
7 un bel film   8 una brava insegnante
9 un bravo pianista   10 una buona cena
11 un bel/bravo ragazzo   12 un atleta molto bravo

2 1 insegni   2 ci alziamo   3 beve   4 vanno
5 fate   6 facciamo   7 vado

3 1 viene   2 vengono   3 tiene   4 venite
5 veniamo   6 viene   7 tengono   8 tieni
9 tengo   10 vieni   11 vengo/viene   12 teniamo

4 1 stanno chiacchierando   2 si sta lavando
3 sta giocando   4 stiamo finendo
5 sto telefonando   6 state guardando
7 stiamo cucinando

ULTIMA PAGINA

3 1 creativo   2 elegante   3 costoso
4 impegnativo   5 piccola   6 tradizionale
7 classico   8 larghissimi   9 attillati
10 strettissimi   12 svasati

Unità 9

A ATTIVITÀ

1

1 Bibi è andata a Londra.
2 Noi siamo andati a sciare.
3 Carlo è andato a comprare regali.
4 Valerio ha mangiato e ha bevuto molto.

5 Sandro e Nina sono andati in Giamaica.
6 Antonia ha passato le feste con la famiglia.
7 Io mi sono divertita un sacco.

2

1 Cosa hai letto di interessante?
2 Cos' ha fatto di buono a cena Diego?
3 Cosa c'è di nuovo?
4 C'è qualcosa di buono da mangiare?
5 Cosa c'è di divertente in quel film?
6 Cosa c'è di vero in questa storia?

3 1 Ho bevuto   2 Ho mangiato   3 Sono uscito/a
4 Ho pranzato   5 Sono andato/a   6 Ho visto
7 Ho scritto   8 Ho preso   9 Ho usato
10 Sono andato/a   11 Sono ritornato/a

4 vado – scio – vado – ballo – ceniamo – dormiamo

A GRAMMATICA

1

a hai comprato – ho comprato – hai pagato – ho
   pagato
b siete andati – siamo andati – siete rimasti – siamo
   rimasti – vi siete divertiti – ci siamo divertiti

2

ho preso	prendere (avere)
sono andata	andare (essere)
sono rimasta	rimanere (essere)
sono partita	partire (essere)
ho incontrato	incontrare (avere)
ho fatto	fare (avere)
ho speso	spendere (avere)

3 1 sono andati   2 sono arrivati
3 hanno mangiato   4 hanno passato
5 hanno telefonato   6 hanno parlato
7 hanno comprato/sono stati/hanno visto
8 sono stati   9 hanno visto

B ATTIVITÀ

1

1 Prima di tornare in albergo, hanno mangiato un
   panino sulla neve.
2 Prima di andare a pattinare, hanno dormito per
   un'ora sul divano.
3 Prima di cenare con gli amici, hanno fatto la sauna.
4 Prima di andare a ballare, si sono cambiati.

2 1 ha fatto   2 siamo andati   3 siamo arrivati
4 siamo andati   5 abbiamo bevuto
6 abbiamo mangiato   7 siamo andati
8 abbiamo fatto   9 abbiamo mangiato
10 abbiamo girato   11 abbiamo guardato
12 abbiamo comprato   13 siamo stati
14 abbiamo bevuto   15 siamo riposati
16 abbiamo mangiato   17 siamo andati
18 abbiamo preso   19 siamo tornati   20 è stata

3

8,00–9,00:	ho fatto colazione
10,00–12,00:	sono andato/a
12,00–13,00:	ho fatto conversazione
13,00–14,00:	ho pranzato
14,00–16,00:	ho giocato a tennis, sono andato/a a cavallo/in palestra
16,00:	ho preso
17,00–19,00:	sono uscito/a, sono andato/a
19,30–20,30:	ho cenato
20,30–22,30:	ho incontrato
22,30:	sono ritornato/a a letto

B GRAMMATICA

1

1 Dove sei andata?
2 Quando siete arrivati?
3 Quando si sono sposati Marina e Valerio?
4 A che ora è partito Giorgio?
5 Quanto tempo sei rimasta a Trieste?
6 Siete andati in treno?
7 Dove sei nata?
8 A che ora ti sei svegliata?
9 Quanto tempo si sono fermati?
10 È arrivato in ritardo l'aereo?

2 Lunedì: sono andata, ho fatto
Martedì: sono andata, ho telefonato, ho prenotato
Mercoledì: ho chiamato, ho riordinato, ho finito
Giovedì: sono andata, ho comprato
Venerdì: ho pagato
Sabato: ho giocato, sono andata
Domenica: ho dormito

C ATTIVITÀ

2 1 conoscono   2 sanno   3 conosce   4 sa
5 conosciamo   6 sappiamo   7 sapete   8 sa
9 sa   10 conosce

3 (possible answers)

Tu: Buongiorno. Vorrei vedere un paio di scarponi da sci.

Tu: Bè...colorati e comodi/all'ultima moda.

Tu: 38 e mezzo.

Tu: Posso provare?

Tu: Ahi! sono (un po') piccoli!/ fanno male!

Tu: Sì, benissimo. Sono molto comodi.

Tu: E quanto vengono?

Tu: Sono (un po') cari!… Ma (mi piacciono) li prendo.

C GRAMMATICA

1

a 1 si sono incontrati   2 si è sposato
3 vi siete divertiti   4 non si sono stancati
5 si è già alzata   6 ci siamo preparati

b 1 ti sei vestito/a   2 non si è preparato
3 ci siamo sposati   4 vi siete divertiti
5 mi sono lavato/a   6 ci siamo stancate/i

2 1 sa   2 so   3 conosci   4 conosciuti/e
5 sanno   6 sai   7 conosciamo, sappiamo
8 conosci   9 conosco, so

3 si è vestito – è uscito – è andato – ha fatto – ha portato – è uscito – ha incontrato – sono andati – è tornato – ha fatto – ha ascoltato – ha incontrato – hanno bevuto – hanno chiacchierato – sono andati – sono venuti – hanno fatto

D ATTIVITÀ

1

a Riccardo Giacconi è nato a Genova, in Italia nel 1931. Ha studiato astrofisica all'università di Milano. Alla fine degli anni 50 è andato a vivere negli Stati Uniti, dove ha progettato un telescopio spaziale per i raggi X fuori del sistema solare. Nel 1970 ha lanciato un satellite a raggi X. Nel 1978 ha realizzato l'osservatorio spaziale Einstein. Nel 1999 ha mandato in orbita l'osservatorio spaziale Chandra. Nell'ottobre 2002 ha vinto il Premio Nobel per la fisica.

b Massimiliano Rosolino è nuotatore. È nato a Napoli nel 1978. È alto un metro e 92. Nel 1992 è diventato socio della Società Canottieri di Napoli. Nel 1996 ha partecipato ai Campionati Europei di

nuoto e ha vinto la medaglia di bronzo. Nel 1997 e nel 1999 ha vinto la medaglia d'argento nei 200 metri stile libero ai Campionati Europei. Nel 2000 ha vinto la medaglia d'oro nei Campionati di Helsinki e alle Olimpiadi di Sidney. In futuro gli piacerebbe fare l'attore.

2

1 È un grande attore comico. È di Roma.
2 Suo padre era musicista e sua madre insegnante.
3 Ha doppiato Oliver Hardy.
4 Alla radio.
5 Fellini è il regista de *I vitelloni*.
6 Ha diretto i suoi film.

D GRAMMATICA

1 (possible answers)

1 Molti anni fa   2 Molti secoli fa   3 Pochi anni fa
4 Pochissimo tempo fa   5 Qualche settimana/mese fa
6 Pochi mesi fa

2

fare	scoprire	ridere	rispondere	dipingere
dire	aprire	prendere	vedere	aggiungere
scrivere	offrire		rimanere	vincere
leggere	morire			

3 1 verso le sei   2 circa 10 minuti   3 verso l'una
4 circa tre quarti d'ora/ quasi un'ora
5 verso le quattro   6 quasi le dieci

ULTIMA PAGINA

2

• … ha lasciato, ha ricevuto
• … ha visitato, ha derubato, ha chiamato, è fuggito, hanno arrestato
• … sono entrati, hanno continuato, hanno telefonato, è successo
• … ha partecipato, ha vinto, ha detto

3 1 all'estero   2 la meta   3 gettonate
4 la maggior parte   5 risparmiando   6 affittando
7 monolocale   8 optando per   9 magari
10 contenti

Unità 10

 A ATTIVITÀ

1

- **(possible answers)**

1 Ieri sera ho visto un film di cowboy.
2 Ogni sera durante la settimana ho visto il programma Grande Fratello.
3 Domenica scorsa ho visto un film romantico.
4 Martedì sera ho visto una commedia divertente.

- **(possible answer)**

Di solito guardo la televisione circa due ore al giorno. Guardo sempre il telegiornale della sera e se ho tempo la mattina. Di solito guardo anche le previsioni del tempo, soprattutto al weekend. Ogni tanto guardo uno sceneggiato. Spesso guardo i documentari sulla natura che sono i programmi che preferisco. Non guardo mai i programmi di sport, perché lo sport non mi interessa.

2 **(possible answers)**

Guardo il telegiornale perché voglio sapere cosa succede.
Accendo la TV quando mi voglio rilassare.
Spengo la TV se non c'è niente di interessante.
Guardo i quiz se non ho niente da fare.
Guardo i programmi storici quando voglio imparare qualcosa.
Guardo un vecchio film se voglio divertirmi.
Guardo un documentario se voglio informarmi.

3 **Vantaggi:**
TV
Si possono invitare gli amici
Si può bere e chiacchierare
Si può guardare un film senza uscire
Ti porta il mondo in casa
Ti informa
Cinema
Si esce di casa
Si può andare con gli amici
C'è un'atmosfera speciale
Vedere un bel film è una cosa speciale
Svantaggi:
TV
Si sta in casa
Cinema
Non si può bere o chiacchierare

A GRAMMATICA

1 1 Mi è piaciuto   2 Ti è piaciuta
3 Non gli è piaciuto   4 Ci è piaciuto
5 Vi sono piaciuti   6 Non gli è piaciuto
7 Non ci è piaciuto   8 Gli sono piaciuti

2 1 i sistemi economici   2 i drammi romantici
3 gli schemi complessi   4 i problemi difficili
5 gli enigmi polizieschi   6 i dilemmi angosciosi
7 i climi umidi

3 1 ho visto   2 ha trasmesso   3 Non avete visto
4 Abbiamo acceso   5 hanno fatto vedere
6 si sono divertiti   7 è andato

B ATTIVITÀ

1

a Sognando Beckham
b Un viaggio chiamato amore
c La morte può attendere
d Otto donne e un mistero
e Minority report
f Harry Potter e la camera dei segreti

2 **a** **Carla**

- Che fanno/danno?
- Perché non guardiamo la televisione?
- Allora perché non andiamo a mangiare una pizza?

2 **b** **Enrico**

- Andiamo al cinema?
- Harry Potter.
- Comincia alle sette.
- Sì, va bene.
- Ci vediamo alle dieci?

A GRAMMATICA

1

1 in montagna, vicino a Bolzano; a sciare; in piscina a fare; in discoteca a ballare.
2 a teatro; in/al televisione; alla TV; al cinema Fiamma in/al centro
3 a mangiare; al ristorante; in pizzeria

2

1 A che ora devi essere in ufficio?

2　Dovete partire oggi?
3　Mi può dire dov'è la banca?
4　Posso fumare?
5　Puoi chiamare un tassì?
6　Deve venire anche lui?
7　Potete restare un altro po'?

ATTIVITÀ

1

Cameriere:　Buonasera. Desidera?
Signora:　Dunque … per primo, prosciutto e melone.
Cam:　E per secondo?
Sign:　C'è pesce?
Cam:　Mi dispiace, ma oggi non c'è pesce. C'è bistecca alla griglia e salsicce.
Sign:　No, non mi piace la carne.
Cam:　Allora abbiamo un'ottima parmigiana di melanzane.
Sign:　Sì, perfetto.
Cam:　E per dolce?
Sign:　Un bel gelato e un caffè per favore.
Cam:　Da bere?
Sign:　Una birra Peroni, grazie.

2　(possible answer)

Primo　　　Lasagne ai funghi
Secondo　　Zucchine ripiene
Contorno　Insalata verde, fagiolini
Frutta　　Frutta

3　(possible answers)

■ Siamo arrivati al ristorante tardi.
■ Abbiamo ordinato due primi piatti, perché avevamo fame.
■ Per secondo abbiamo preso tutti e due pesce alla griglia con contorno.
■ Per dolce io ho preso una torta gelata e Lisa ha mangiato frutta di stagione.
■ Da bere abbiamo ordinato una bottiglia di acqua minerale e una bottiglia di Chianti. Per finire, abbiamo preso per me un espresso e per Lisa un caffè macchiato.
■ In tutto abbiamo speso quarantotto euro e novanta centesimi.

C GRAMMATICA

1　primi: al sugo, alle vongole, alla milanese
secondi: allo spiedo, alla griglia, al forno

contorni: all'olio; al burro; ai funghi
dolci: alla fragola, al cioccolato

2　del melone; del buon prosciutto; dell'insalata e del pesce; delle patatine; della frutta fresca e dell'acqua minerale

3　1 Gliele porta　2 Glielo dà　3 Glielo chiede
4 Gliela dà　5 Glieli manda　6 Gliele chiede

D ATTIVITÀ

1　1 guardare　2 nazione　3 traduzione
4 telegiornale

2　1 La mattina alle sei.　2 Quarantacinque minuti.
3 Prima Pagina　4 La Mostra del Cinema di Venezia.
Dura un'ora e tre quarti.　5 Ce ne sono tre.
6 Radiotre Mondo.　7 No, non ci sono.

D GRAMMATICA

1　(possible answers)

Ho sentito qualcosa di interessante.
Cerco sempre qualcosa di nuovo.
Lei ha fatto qualcosa di straordinario.
Si può fare qualcosa di molto facile.
Mi ha detto qualcosa di interessante.

2　dolcemente – decisamente – finalmente – improvvisamente – normalmente – lentamente

3

1　la radio digitale, le radio digitali
2　la crisi economica, le crisi economiche
3　l'alibi perfetto, gli alibi perfetti
4　l'eclissi solare, le eclissi solari
5　la mano sinistra, le mani sinistre
6　l'ipotesi assurda, le ipotesi assurde

ULTIMA PAGINA

2　a

1 video–cassetta　2 dvd　3 versione dvd
4 collegamenti a siti Internet　5 videogiochi
6 animazione　7 capolavoro in digitale

2　b

1 Due versioni, video-cassetta e DVD.
2 Si possono comprare.　3 Harry Potter.

4 Il Signore degli Anelli.   5 Sully e Boo.
6 L'animazione.   7 È un mostro.

Unità 11

A ATTIVITÀ

1 1 Ruotate le braccia.   2 Piegate le gambe.
3 Fate l'esercizio.   4 Cercate di toccare i piedi.
5 Prendete il piede.   6 Spingete indietro.
7 Stringete i gomiti.   8 Divaricate le gambe.
9 Ripetete l'esercizio

2 1 Sì, so cucinare.
2 No, non sappiamo andare a cavallo.
3 No, non sa pattinare.   4 Io so giocare a tennis.
5 Sì, sanno sciare.   6 No, non so suonare il piano.
7 Sì, sanno il russo.

3 1 un autodidatta tedesco   2 50 anni fa
3 alla base del metodo   4 sforzi eccessivi
5 per tutte le età   6 in ginocchio o supini
7 in maniera simmetrica
8 del bacino e della spina dorsale
9 una persona che pratica il Pilates

A GRAMMATICA

1 1 Rallentate   2 Attraversate sulle strisce
3 Fate la fila   4 Chiamate il 113   5 Girate a destra
6 Pagate alla cassa   7 Passate solo con il verde

2 1 Prendi   2 Metti   3 Pela e aggiungi
   4 Soffriggi   5 Aggiungi   6 Aggiungi
   7 Cuoci   8 Condisci

3 a5 Vai/andate   b4 Bevi/bevete
c6 Dimentica/dimenticate, vai/andate
d2 Esci/uscite, fai/fate   e1 Fai/fate, vai/andate
f3 Fai/fate

B ATTIVITÀ

1 1f tennis   2b pallavolo   3e ping-pong
4a rugby   5d pallacanestro   6e calcio

2 1 pratico   2 faccio   3 vado   4 faccio
5 gioco a   6 piace   7 so   8 piacciono
9 pratico   10 mi diverto

B GRAMMATICA

1 (possible answers)
1 ho letto un libro
2 siamo rimasti a casa
3 siamo andati in piscina domenica
4 sono andati tardi
5 non hanno fatto sport
6 non ha mai fatto ginnastica

2
a. L'aerobica è più faticosa del giardinaggio.
b. Una casa è meno alta di un grattacielo.
c. Il paracadutismo è più pericoloso dello sci.
d. Il treno è meno veloce dell'aereo.
e. I giornali sono più informativi dei romanzi.
f. Le mele sono più buone delle prugne.
g. La TV è più rilassante della radio.
h. I concerti sono più interessanti dei film.

3
1e Perché non vai a dormire?
2d Perché non mangi un panino?
3b Perché non ti metti un golf?
4e Perché non apri la finestra?
5a Perché non bevi qualcosa?

C ATTIVITÀ

1 1 la testa   2 i denti   3 le spalle   4 il torace
5 il braccio   6 il cuore   7 lo stomaco
8 la pancia   9 la gamba   10 il ginocchio
11 il piede

2 a (Medico – Signora)

- Buongiorno signora. Come va?
- Non mi sento molto bene. Ho un terribile mal di testa.
- Ha altri sintomi?
- Mi fa male l'orecchio destro.
- Da quanto tempo ha questi sintomi?
- Da tre giorni.
- Ha febbre?
- No, niente febbre.
- Allora è un po' di mal d'orecchio.
- Mi può dare qualcosa?
- Sì, metta queste gocce due volte al giorno.

2 b (Medico – Signore)

- Buongiorno, signor Senesi. Come sta?

- Non troppo bene. Ho un forte raffreddore, con febbre e tosse.
- Ha mal di gola?
- No, non ho mal di gola.
- Da quanto tempo ha febbre e tosse?
- Da una settimana.
- Allora è un pò d'influenza.
- Mi può dare qualcosa?
- Prenda 2 aspirine 3 volte al giorno e beva tè caldo con limone.

(Medico – Bambina)

- Ciao. Come ti senti?
- Ho la febbre alta e mal di gola.
- Hai anche la tosse?
- No, la tosse no.
- Da quanto tempo hai la febbre?
- Da tre giorni.
- Allora, hai la tonsillite.
- Mi può dare una medicina?
- Prendi questo antibiotico, 4 volte al giorno.

3

1 A che serve l'ovatta? Serve per disinfettare/pulire.
2 A che servono i libri? Servono per leggere/studiare.
3 A che servono le scarpe? Servono per camminare.
4 A che serve una racchetta da tennis? Serve per giocare a tennis.
5 A che servono la forchetta e il coltello? Servono per mangiare.
6 A che serve una penna? Serve per scrivere.
7 A che serve il sapone? Serve per lavarsi.

C GRAMMATICA

1 ti senti – mi sento, non si sente – gli fa male – gli telefono – vi sentite – ci sentiamo – Le fa male – Si è fatta male – si è fatta abbastanza male

2 1 Se avete mal di stomaco
2 Se ti fanno male i denti   3 Se hai mal di gola
4 Se le fa male l'orecchio   5 Se gli fanno male i piedi
6 Se ci fa male la testa   7 Se le fa male la gamba
8 Quando ho mal di testa

3 1 Mi serve…per andare
2 Mi serve …per cucinare   3 Vi serve…?
4 Mi serve…..per svegliarmi   5 Ci servono

D ATTIVITÀ

1 a

1 divertirsi   2 lanciarsi   3 superare   4 volare
5 saltare   6 fermarsi

1 b

1 Lanciarsi con il paracadute richiede coraggio.
2 Ai giovani piace divertirsi a contatto con la natura.
3 Saltare con l'elastico è come volare.
4 L'obiettivo dello sport estremo è superare la paura.
5 Volare oh oh! Cantare oh oh oh oh! Nel blu dipinto di blu.

1 c

1 Vola   2 Apri   3 Distendi   4 Salta   5 Ama

1 d

1 Paura   2 Caldo   3 Fame   4 Freddo
5 Sonno

2 a

1 Vero.   2 Falso. È vicino a Trento.   3 Vero.
4 Falso. Mettono un collare con una radiotrasmittente.
5 Falso. Vanno nei parchi per essere a contatto con la natura.   6 Falso. Si raccolgono funghi nel parco dei monti Sibillini.

2 b

1 Scorso   2 Escursione   3 Tradizionale

ULTIMA PAGINA

2

• Meno carne e più pesce
• Mangiano troppe merendine
• Spaghetti al pomodoro, pesce alla griglia, frutta di stagione

3

1 Il calcio   2 Lo sport nazionale
3 La squadra del cuore   4 Fare il tifo
5 Tifoso/a   6 Lo stadio   7 Le partite
8 Le squadre femminili
9 Il campionato   10 La serie A, la serie B

(possible answers)

• Oggi ci sono tantissime ragazze che vanno allo stadio a vedere le partite. Esistono anche squadre femminili che giocano nel loro campionato.

• Il Chievo è una squadra di Verona che fino a due anni fa era in serie B, ma che fin dal primo anno in serie A ha battuto tutte le maggiori squadre ed ha finito il campionato al quinto posto.

Unità 12

A ATTIVITÀ

1

1 È á sinistra, dopo l'autonoleggio.
2 Si, c'è la cassetta postale in fondo a destra.
3 In fondo a sinistra dopo il ritiro bagagli.
4 Appena si entra sulla sinistra, vicino al ritirobagagli.
5 In fondo all'aeroporto a sinistra, dopo la Sala Partenze.
6 È proprio qui davanti.
7 Il Bar è accanto al Ristorante dopo la Sala Partenze.
8 In fondo a sinistra, prima del Ristorante.
9 In fondo a destra di fronte alla Sala Partenze.
10 Avanti a sinistra, fra il ritiro bagagli e il cambio.

2

■ Attenzione. Il volo Alitalia delle 7,39 viaggia con sei minuti di ritardo a causa di uno sciopero.
■ Il volo Easyjet delle 8,52 viaggia con trenta minuti di ritardo a causa di un guasto al motore.
■ Attenzione. Il volo BA delle 10 viaggia con dieci minuti di ritardo a causa di un problema con i computer della torre di controllo.
■ Il volo Ryanair delle 11,25 viaggia con trenta minuti di ritardo a causa del traffico aereo.
■ Attenzione. Il volo Air France delle 11,47 viaggia con ventotto minuti di ritardo a causa del maltempo

3 1 abbiamo deciso   2 Siamo arrivati
3 Abbiamo fatto   4 abbiamo passato
5 siamo entrati   6 abbiamo sentito   7 è passata
8 si sono divertiti   9 c'è stato   10 ha offerto
11 non è piaciuto   12 non hanno mangiato
13 si sono addormentati   14 siamo partiti
15 siamo arrivati

A GRAMMATICA

1 1 che   2 che   3 cui   4 che   5 cui
6 che   7 cui

2 2 Si spende poco   4 Si può   5 Si possono
6 Se si vogliono

3 1 la offerta   2 le vacanze   3 il telefonino
4 l'unico sito   5 il giorno   6 il mese   7 i soldi
8 il programma

B ATTIVITÀ

1 1 21 agosto 2003   2 Alle 11,50
3 23,03 euro   4 Pisa Centrale   5 Roma Termini.

2

Turista: Vorrei sapere a che ora è il prossimo treno per Bologna.
Bigliettaio: Dunque, il prossimo treno è alle diciassette e zero sette. Arriva a Bologna alle ventitre e zero tre.
Tu: Vorrei due biglietti di andata e ritorno.
B: Ecco a lei due biglietti di andata e ritorno
Tu: Scusi, da che binario parte il treno?
B: Parte dal binario 11.

3 a

1 Falso. Si deve cambiare due volte, a Terni e a Ancona.
2 Vero.   3 Falso. Arriva nel pomeriggio.
4 Falso. Parte alle 19,07.   5 Vero.
6 Falso. Si deve cambiare due volte.
7 Falso. Arriva a Bologna la sera

3 b (possible answer)

La settimana scorsa ho fatto un viaggio lunghissimo e complicato per andare da Rieti a Bologna. È incredibile, ma il viaggio è durato circa sei ore! Sono partita da Rieti con il treno delle 14,50 e sono arrivato a Bologna alle 21. Ho dovuto cambiare treno due volte, a Terni a ad Ancona. A Terni ho dovuto aspettare quasi un'ora e ad Ancona 20 minuti. Mi sono annoiata da morire. Mi sono stancata moltissimo e alla fine mi sono addormentata sul treno. Per fortuna mi sono svegliata proprio prima della stazione di Bologna.

B GRAMMATICA

1

1 Di andata e ritorno
2 Delle 11, con 15 minuti, di ritardo
3 Per Firenze, delle 9,45, dal binario, dal binario
4 Da Venezia, a Roma, in arrivo, al binario
5 Da che binario, delle 10,30, per Palermo
6 Per Chiusi, alle 9,37, alle 14,30
7 Per Terni, con 15 minuti, di ritardo

1   A che ora deve essere a Milano?
2   A che ora dovete/dobbiamo arrivare alla stazione?
3   A che ora devono essere alla stazione Marta e Franco?
4   Scusi, a che binario devo andare?
5   Quando dovete/dobbiamo partire?
6   A che ora devi arrivare a Genova?

C ATTIVITÀ

2   1d   2f   3b   4a   5e   6c   7g

3

a   Garda
b   Parco Zoo Safari, Bussolengo
c   A Pastrengo prenda la SS12 e continui per pochi chilometri, poi giri a sinistra e di nuovo a sinistra e a Bussolengo giri a destra per la via C. Colombo. Attraversi la SS11 ed è lì.

C GRAMMATICA

1   1 vuole trovare   2 vogliono comprare
3 voglio smettere   4 non vogliamo spendere
5 vuoi uscire   6 volete andare   7 vuole rimanere

2   1 ha perso   2 si è accorta   3 si è rivolta
4 ha chiesto

D ATTIVITÀ

1   1 neve   2 nebbia   3 pioggia   4 nuvole
5 vento   6 temperatura   7 mari   8 sereno

2   1 Le isole meridionali   2 Le regioni occidentali
3 I laghi settentrionali   4 La costa orientale
5 I paesi meridionali   6 Una città meridionale
7 Il mondo occidentale

3   (possible answer)

Domani ci sara sole e sereno sulle Alpi e in Toscana. Sulla costa orientale, cielo nuvoloso con schiarite. A Roma e a Napoli ci sara neve/nevicherà e pioverà sulla Sicilia occidentale. Mari mossi.

4   (possible answers)

Martedì: ci sono solo 3 gradi. Fa un freddo cane. Non voglio uscire.

Mercoledì: oggi c'è un vento terribile. Non ho voglia di uscire, sto a casa.
Giovedì: oggi è nuvoloso, ma ogni tanto esce il sole. Forse esco nel pomeriggio.
Venerdì: oggi è sereno, è una giornata bellissima. Voglio uscire e fare una lunga passeggiata.
Sabato: oggi la temperatura è 12 gradi. Si sta bene fuori. Voglio uscire.

D GRAMMATICA

1   a

1 Vero   2 Vero   3 Falso   4 Falso   5 Vero
6 Falso

1   b (possible answers)

1   In Spagna fa più caldo che in Gran Bretagna.
2   In Siberia fa molto più freddo che in Italia.
3   In Svizzera fa meno caldo che in Grecia.
4   In Francia fa meno freddo che in Svezia.

2   1 sarà   2 farà   3 cambierà   4 sarà   5 sarà
6 saranno   7 saranno   8 farà   9 farà
10 cambieranno

3   1 ci sarà   2 ci saranno   3 tirerà
4 ci saranno   5 farà, ci sarà   6 aumenteranno
7 diventeranno   8 torneranno

ULTIMA PAGINA

2

1   Nei centri storici di molte città italiane.
2   Soprattutto a causa dello smog.
3   A piedi.
4   È andato al lavoro a piedi.
5   Il 25%.

3

1   Sarà finito tra circa 11 anni.
2   Sará lungo 3.360 metri.
3   Le macchine potranno andare a una velocità massima di 90 km l'ora.
4   Per attraversare si dovranno pagare 10 euro e 84 centesimi.

Unità 13

A ATTIVITÀ

  2 (possible answers)

1 Lo shopping è più divertente della pesca.
2 Le passeggiate sono più rilassanti della bicicletta.
3 La discoteca è più entusiasmante dei giri in città.
4 Le visite ai musei sono più interessanti dei giri in città.
5 La bicicletta è più faticosa della pesca.
6 La vela è più entusiasmante della pesca.

A GRAMMATICA

1

1 Ho dieci lettere da scrivere.
2 Abbiamo dei pacchi da mandare.
3 Hanno tante cose da fare.
4 Hai molte telefonate da fare?
5 Quanto c'è da pagare?
6 Abbiamo tutti quei giornali da leggere.
7 Cosa c'è da vedere in questa città?

3

1 Sei mai stato a Modena?
  Sì, ci sono stato nel 2000.
  Quanto tempo ti sei fermato?
  Due settimane.
  Ti è piaciuto?
  Sì, mi è piaciuto molto.
2 Sei mai stata a Taormina?
  Sì, ci sono stata a luglio.
  Quanto ti sei fermata?
  Mi sono fermata un weekend.
  Ti è piaciuta Taormina?
  Sì, mi è piaciuta.
3 Sei mai stato a Siena?
  Sì, ci sono stato l'anno scorso.
  Per quanto tempo?
  Per 5 giorni.
  Ti è piaciuta Siena?
  Veramente non troppo.
4 Sei mai stata ad Amalfi?
  No, non ci sono mai stata.
  Peccato!

B ATTIVITÀ

1 (possible answers)

1 Siamo una famiglia con bambini piccoli. Ci piacerebbe fare una vacanza tranquilla in albergo in una bella città come Taormina. Il paesaggio è meraviglioso.
2 Sono un uomo d'affari piuttosto stanco e vorrei fare una vacanza rilassante. Ho prenotato un viaggio organizzato a Marrakesh.
3 Siamo una coppia in pensione e vogliamo una vacanza comoda e rilassante. Abbiamo deciso di fare una crociera nel Mare del Nord e vedere i famosi fiordi.
4 Sono giovane e mi piacciono le vacanze avventurose. Mi piacerebbe fare il giro d'Europa in bicicletta oppure una settimana subaquea nel Mar Rosso.
5 Siamo una giovane coppia sportiva e faremo senz'altro il giro d'Europa in bicicletta, perché ci piace vedere paesi diversi e stare all'aria aperta.
6 Siamo due amiche single, abbiamo gia prenotato un giro nelle città d'arte italiane. Ci interessa soprattutto vedere Firenze e Roma.

3 1 Vero.   2 Falso. Si deve pagare.
3 Falso. C'è posto per venti persone.   4 Vero.
5 Falso. Non sono richieste qualifiche.   6 Vero.
7 Falso. Non sono sempre deserte di notte.
8 Falso. Il viaggio a Capo Nord include nove cene.

B GRAMMATICA

1 1 Non vado mai   2 Non prendo mai
3 Non mi sono mai alzato   4 Non ho mai visto
5 Non sono mai stato   6 Non ho mai mangiato

 2

1 Non ho capito niente.
2 Non ho parlato con nessuno.
3 Non ha mangiato niente.
4 Non è venuto nessuno.
5 Non c'è niente.
6 Non abbiamo comprato niente.

C ATTIVITÀ

1 a

1 piatti di carta   2 bicchieri di carta   3 acqua

4 fornello da campo   5 pentola   6 posate
7 sacco a pelo   8 torcia elettrica   9 tenda
10 sacchetto per rifiuti

 a

Obbligatorio:
Lasciare il campeggio entro le 13,00
Mettere i rifiuti nei bidoni
Ottenere il permesso del direttore per tenere il cane
Tenere i cani al guinzaglio
Lavare piatti e vestiti nei lavatoi
Proibito:
Entrare in macchina nel campeggio fra mezzanotte e le
sette del mattino
Fare rumore
Accendere fuochi

2 b

• Per quante persone?
• Quanti giorni volete rimanere?
• Avete una macchina?
• Bene, ha dei documenti?
• Quando arriva suo marito?
• Mi dispiace, ma le macchine non possono entrare nel
  campeggio dopo mezzanotte.
• Ci sono docce con acqua calda vicino ai gabinetti.
• È vietato accendere fuochi.
• Bisogna chiedere il permesso al direttore.
• Per tre persone sono 35 euro al giorno. È poco, perché
  siamo nella bassa stagione.

3 (possible answers)

a   All'Ente Turismo, Cagliari.
       Gentile Direttore,
       Desidero venire in vacanza in Sardegna con mia
       moglie per otto giorni in giugno. Ci piacerebbe stare
       in un campeggio vicino a Cagliari. Potrebbe
       mandarmi prima possibile una lista di campeggi nella
       zona con i prezzi? Vorrei anche qualche informazione
       sui ristoranti e i club. Grazie.
       Gentili saluti.

b   Azienda di soggiorno, Ravello
       Gentile Direttore
       Vorrei passare 2 settimane in un campeggio nella
       zona di Amalfi con tre amici. Vorremmo venire a
       marzo e fare molto sport. È possibile portare un
       cane?
       Vorrei una lista dei campeggi nella zona e
       informazioni sulle attrezzature sportive e anche sui
       concerti a Ravello.
       Gentili saluti.

C GRAMMATICA

1 (possible answers)

- Qui ero all'isola di Favignana. Era freddo, c'era
  vento, ma sono andato spesso al mare.
- Qui ero a Firenze. Era una bella giornata, ma faceva
  un caldo terribile. La sera poi ha piovuto.
- Qui ero in campeggio. Il tempo era instabile, c'era il
  sole e dopo un po' ha piovuto. Ho cucinato il pesce
  con un'amica e poi abbiamo mangiato insieme.

2 (possible answers)

Con mia moglie e i bambini siamo andati al centro
agrituristico 'Cittaducale', vicino al Terminillo. Siamo
andati solo per tre notti, alla fine di ottobre. Non era
caro, perché siamo andati nella bassa stagione. Per la
pensione completa abbiamo pagato 49 euro a persona
per me e mia moglie e per Lucia e Gianni ci hanno fatto
uno sconto del 50% perché era bassa stagione. Abbiamo
mangiato benissimo e sia il pranzo che la cena erano
abbondanti. Non possiamo lamentarci del tempo,
abbiamo avuto due giorni di sole e un giorno di pioggia.
Ci siamo riposati e abbiamo fatto lunghe passeggiate nel
verde.

D ATTIVITÀ

 a

1   Si accenderà e si spegnerà la luce.
2   Si apriranno e si chiuderanno le persiane.
3   Si regolerà la temperatura.
4   Si apriranno e si chiuderanno le porte.
5   Si attiverà l'irrigazione.
6   Si attiverà il sistema di allarme.
7   Si accenderanno e si spegneranno i fornelli.
8   Si accenderà e si spegnerà la radio.
9   Si risparmierà tempo e fatica.

1 b

Lasceranno e leggeranno – consulterà – scriveranno –
navigherà

 1 andrò   2 chiederò
3 mi fermerò/ci fermeremo   4 alzeremo
5 andremo   6 gireremo   7 scopriremo
8 gireremo   9 ci fermeremo   10 andremo
11 si ballerà   12 si starà   13 si aprirà
14 si brinderà   15 si getterà

D GRAMMATICA

1 1 li comprerò   2 la scriverò   3 li sentirò
4 la prenderò   5 li manderemo   6 li inviteremo

2 1 sarà   2 darò   3 staremo   4 farà   5 sarà
6 farò   7 saranno

3 1 vedremo un film   2 andrò   3 avrò tempo
4 andrò   5 avremo da fare   6 andranno
7 potrò

ULTIMA PAGINA

2 a

1 supererà   2 un aumento   3 soprattutto
4 è aumentata   5 in testa   6 alla pari   7 un robot

2 b (possible answer)

Oggi in Italia ci sono molti robot (circa 44.000) e per il
2010 si prevede che ce ne saranno 65.000. Per quanto
riguarda la richiesta di robot in generale negli ultimi
anni, la Germania è in testa con 100.000, seguita
dall'Italia con 44.000. Il settore industriale italiano in cui
si usano più robot è quello delle automobili, con un
robot ogni 10 operai. In questo settore l'Italia è alla pari
con la Germania.

3 (possible answers)

1 *Film.* Ho visto un film fantastico ieri sera.
2 *Computer.* Ho comprato un nuovo computer per
mio figlio.
3 *Quiz.* I quiz in televisione sono noiosissimi.
4 *Leader.* I leader dei paesi europei si sono incontrati a
Parigi.
5 *Look.* Il look per i giovani quest'anno è piuttosto
tradizionale.

Unità 14

TEST 8–10

UNIT 8 TEST

1 1 Due orologi moderni   2 Tre nuovi cellulari
3 Le ultime Vespe   4 Gli spumanti italiani
5 Due poltrone leggere   6 Due profumi francesi

2 1 le scrivo   2 le compro   3 gli voglio bene
4 gli devo parlare

3 1 Al bar/alla gelateria   2 In gioiellieria
3 In profumeria   4 Al negozio di calzature
5 In libreria
6 Al negozio di abbigliamento /alla boutique
7 In edicola/dal giornalaio

4 1 da donna   2 da bambino   3 da uomo
4 da donna

5 1 di cotone   2 di pelle   3 di tela   4 di lana
5 di pelle

6
1 Desidera?
2 Di che colore?
3 Le piacciono?
4 Preferisce quelli neri?
5 Vuole provarli?
6 Li prende?

7 (possible answers)

per lei:
1 Una borsa di pelle nera.
2 Una gonna rossa di seta.
3 Un golfetto di lana pesante.
4 Un completo estivo giallo.
per lui:
5 Una camicia di cotone a righe.
6 Un paio di guanti di pelle da uomo.
7 Un paio di calzini da uomo.
8 Una maglietta bianca di cotone.

8 1 quel giacchetto   2 quella gonna
3 quello specchio   4 quei guanti   5 quegli scarponi
6 quell'orologio   7 quelle scarpe

9 1 Buon compleanno   2 buono spumante
3 buoni fichi   4 buone amiche   5 buona giornata
6 buon articolo   7 buono zabaglione

10 1 da lei   2 da loro   3 da te   4 da lui
5 da noi   6 da me

11 1 sta parlando   2 stiamo partendo
3 stai scrivendo   4 state leggendo   5 sto bevendo
6 stanno dormendo

UNIT 9 TEST

1 1 sieti state   2 sieti andati   3 rimanete
4 avete fatto   5 sieti divertiti

2 1 ho festeggiato   2 sono venuti   3 sono stati
4 ho studiato   5 ho invitato   6 siamo andati
7 è stata

3

9,00	Mi sono svegliato/a.
10,00	Sono andato/a in palestra.
11,00	Mi sono fatto la doccia.
11,30–12,30	Sono andato a lezione d'inglese.
1,00	Ho pranzato con Gina.
4,00–6,00	Ho fatto le spese.
6,30	Sono andato/a a fare la fisioterapia.
7,30	Antonio e Mimma sono venuti a cena.

5 1 Ho messo   2 Ho fatto bollire
3 Ho aggiunto   4 Ho messo   5 Ho cotto
6 Ho scolato   7 Ho aggiunto   8 Ho messo

6 1 Sai … so   2 sapete, sappiamo
3 Sanno   4 Sa

7 1 Non so   2 Conoscete   3 non conosciamo
4 conosce   5 sa   6 sa

8 1 Mi sono alzato   2 Mi sono messo
3 Sono andato   4 Mi sono rilassato
5 Mi sono divertito

9 (possible answers)

gli scarponi, gli sci, il maglione, i guanti, gli occhiali

10

1 Abbiamo fatto colazione alle 8,30.
2 Alle 9,30 siamo partiti in funivia.
3 Dalle 10 alle 12 abbiamo avuto lezioni in pista.
4 Alle 12,30 abbiamo pranzato al rifugio.
5 Alle 14,30 abbiamo sciato.
6 Alle 16 ci siamo riposati.
7 Alle 20,30 abbiamo cenato.
8 Alle 21 siamo andati in discoteca.

UNIT 10 TEST

1 a) 4   b) 3   c) 5   d) 1   e) 6   f) 2

2

1 Quante ore al giorno guardi la TV?
2 Che programma guardi di solito?
3 Qual'è il tuo programma preferito?
4 Guardi altri programmi?
5 Che programma hai visto ieri sera?

3 regista – attori – attrici – colori

4 1 a Lisbona   2 in piscina   3 a giocare
4 in discoteca   5 a mangiare

5 tre biglietti – in galleria – tutti insieme – in prima
fila solamente

6 1 agnello   2 vitello   3 tortellini al gratin
4 macedonia   5 uova   6 zabaglione

7 antipasto – primo – secondo – contorno – da bere –
Altro?

8 giornale radio – canzoni – previsioni del tempo –
commedia

9

1 Tranquillamente. Lui vive tranquillamente.
2 Velocemente. Il tempo passa velocemente.
3 Raramente. Noi beviamo birra raramente.
4 Normale. Il treno costa poco normalmente.

10 1 posso entrare   2 devo uscire   3 posso fare
4 se posso   5 devo dirti

TEST 11–13
UNIT 11 TEST

1 1c   2d   3a   4b

2 1 Bevi   2 Porta   3 Proteggi   4 Rimani
5 Usa

3 1 Decidete   2 Smettete   3 Buttate
4 Evitate   5 Fate

4 1 il calcio   2 la vela   3 la boxe
4 la maratona   5 il tennis

5 (possible answers)

1 Il calcio è più violento del rugby.

2 La televisione è più interessante della radio.
3 Le passeggiate sono più rilassanti del nuoto.
4 L'aereo è più sicuro del treno.
5 L'atletica è più artistica del calcio.

7 a) 3 b) 1 c) 4 d) 2

UNIT 12 TEST

1 Accettazione – Ritiro bagagli – Uscita – Controllo passaporti.

2 1 al pianterreno 2 vicino alle tolette
3 in fondo a sinistra 4 a sinistra degli ascensori

3 1 dall'aereo 2 Ho ritirato 3 del passaporto
4 Ho passato 5 Sono uscito, ho preso

4
a) A che ora arriva a Londra?
b) È in ritardo?
c) Perchè è in ritardo?
d) Quanto ci vuole da Palermo a Londra?

5
1 Il treno da Roma per Milano ha 30 minuti di ritardo.
2 Il treno delle 15,30 è stato cancellato.
3 Il treno per Napoli parte alle 13,30.
4 Il rapido da Parigi delle 6,30 è in arrivo al binario 8.

6 1 Siamo partiti 2 abbiamo preso 3 è durato
4 è stato 5 Siamo rimasti 6 siamo tornati
7 ci siamo divertiti

7
1 Lei ha la macchina?
2 È italiana?
3 La usa spesso?
4 Di che colore è?
5 Consuma molta benzina?
6 La usa per andare al lavoro?
7 La usa per viaggi all'estero?

8 Il pieno – Senza piombo – le gomme e l'olio

9 1 Si possono fare 2 Non si può attraversare
3 Si può andare 4 Si possono portare
5 Non si può parcheggiare

10 **Al Nord** c'è neve e tira vento. La temperatura è due gradi sotto zero.
Al centro c'è nebbia e piove. È abbastanza freddo, ci sono solo cinque gradi.
Al Sud è nuvoloso con schiarite. La temperatura è dodici gradi.

11 1 farà brutto tempo 2 sarà sereno
3 farà caldo 4 saranno alte

UNIT 13 TEST

1 1 economico 2 rosse 3 antipatica 4 facile

2
a) La settimana scorsa ho fatto un viaggio in motocicletta.
b) La settimana prossima partirò per l'India con due amici.
c) L'anno scorso ho studiato francese a Parigi.
d) L'anno prossimo prenderò la laurea in medicina a Roma.

3 1 da scrivere 2 da comprare 3 da finire
4 da fare 5 da dare

4
1 Da dove siete partiti?
2 Con chi siete andati?
3 Quanti giorni è durata la crociera?
4 Dove vi siete fermati?
5 Che cosa avete fatto?

5 1 nessuno 2 niente 3 nessuna parte
4 niente 5 nessuno

6 tenda – fornello – posate – sacco a pelo – torcia elettrica

8 1 è rimasto 2 è andata 3 era 4 c'era
5 ha incontrato 6 hanno preso 7 avevano
8 hanno girato 9 hanno comprato 10 ha preso
11 è tornata 12 erano 13 era

9 1 Nasceranno 2 aumenterà 3 sarà
4 vincerà 5 costeranno

10 1 Vero. 2 Falso. Ci saranno novità positive per quanto riguarda la famiglia, il lavoro e gli affari.
3 Vero. 4 Falso. Ai primi dell'anno ci sarà un incontro promettente.